JN079719

苦難を乗り越えて、国づくり・人づくり

東ティモール大学工学部の挑戦

風間 秀彦 KAZAMA Hidehiko

吉田 弘樹 YOSHIDA Hiroki

髙橋　敦 TAKAHASHI Atsushi

小西 伸幸 KONISHI Nobuyuki

はしがき

　21世紀最初の独立国、東ティモール民主共和国（以下、「東ティモール」）。1999年頃からの同国独立を巡る動きに伴って社会の混乱が広がり、教育施設を含む国内インフラの7割以上が破壊されてしまった。2000年11月、今後の国の発展に寄与するため、国内唯一の国立総合大学である東ティモール国立大学が設立され、工学部が開設された。国づくりの基盤を担う同大学から高度人材を輩出すべく立ち上がったのが、異なる立場、役割で関与した4人の著者を含む多くの日本人である。教官の学力不足や劣悪な教育環境といった障壁を幾度となく乗り越え、日本と東ティモール双方の関係者が、約20年もの間、東ティモールの発展に貢献する大学づくり、人づくりに真摯に向き合ってきた。この20年間、関係者を支えたものは何だったのか。

　本書の中で、事業の成果には「人と人のつながり」が要であったと著者は述べている。異なる言語、文化、慣習、制度を持つ人々が互いを支え合って成り立つ国際協力において、「支援する側」、「支援される側」という役割は存在するものの、その根底にあるのは、人と人の信頼によるつながりではないだろうか。関係者が国内外を問わず目の前の人々に向き合い続け、信頼関係を醸成したからこそ、本事業の成果が結実したと読み取れる。息の長い人材育成という課題に取り組んだ両国関係者の努力の上に導き出された知見は、教育という分野にとどまらず、人と人の関係のなかで織りなす国際協力の重要な鍵を示していると言えよう。

　苦難の歴史から立ち上がり、より良い国づくりを目指す東ティモール人。彼らの葛藤や挑戦に寄り添い、時として苦悩しながらも情熱を注ぎ続けた日

本人。本書は、この両国関係者が織りなすヒューマンストーリーである。著者4人の視点から、プロジェクトを取り巻く人々の様子が細やかに描かれており、臨場感溢れる物語となっている。長年に亘る活動から得た学びや気付きを多くの人に、特にこれから国際協力に携わる若者たちに是非伝えたいとの思いから本書の刊行に至った。公式な報告書には残されない、奮闘の日々を描いた物語。本書を通じてそれを紹介することにより、魅力溢れる国際協力の世界について読者の皆様に知っていただくきっかけになればと思う。

　本書は、JICA緒方研究所の「プロジェクト・ヒストリー」シリーズの第35巻である。この「プロジェクト・ヒストリー」シリーズは、JICAが協力したプロジェクトの背景や経緯を、当時の関係者の視点から個別具体的な事実を丁寧に追いながら、大局的な観点も失わないように再認識することを狙いとして刊行されている。そこには、公式な報告書には含まれていない、著者からの様々なメッセージが込められている。教育をテーマとしたものは、ニジェール（第3巻）、中米（第16巻）、パキスタン（第27巻）、エジプト（第30巻）、アセアン諸国（第33巻）に続き6作目だが、東ティモールに焦点を当てたプロジェクト・ヒストリーは本書が初めてである。益々の広がりを見せている本シリーズ、是非、一人でも多くの方に手に取ってご一読いただければ幸いである。

JICA緒方貞子平和開発研究所

研究所長　高原　明生

目次

プロローグ

独立間もないまだ見ぬ島へ

2003年9月、風間秀彦（当時、埼玉大学地圏科学研究センター）は独りデンパサール（バリ島）からの航空機の窓から外の景色を眺めていた。眼下には、小スンダ列島の大小の島々、珊瑚礁の海、火山、湖、緑に生い茂った山々が広がり、まだ見ぬ国、東ティモール民主共和国（以下「東ティモール」と略記）に独り渡航することの不安を癒してくれた。

さかのぼること2カ月前、独立後間もない東ティモールでJICAが協力している東ティモール国立大学（以下「東ティモール大学」と略記）工学部の支援活動に参加する風間は、現地事情の説明を聞いていた。しかし、JICA本部の担当者の話と、自ら所属する埼玉大学の東ティモールに詳しい教授の話がどうも噛み合っておらず、戸惑いを感じながらの出立となっていた。大学の事務職員や近所の人からは、「そんな独立後間もない、治安も安定していない国に行って無事に帰って来ることができるのか」と心配をされた。引き受けたからには仕方がない。「現地に日本国大使館やJICA事務所があるので、多分大丈夫だよ」と言ったものの、正直なところまだ見ぬ小さな島への期待よりも不安の方がはるかに大きかった。

日本から東ティモールへの直行便フライトはない。インドネシアのデンパサールでの乗り継ぎが一般的だった。2002年10月、インドネシアのバリ島で202名が死亡する爆弾テロ事件があったため、当時、東京〜デンパサール直行便がなくなり、東京発のフライトはジャカルタ経由となっていた。東京を発ってジャカルタを経由してデンパサールに向かう機内には、乗客が数えるほどしかおらず、日本人の客室乗務員に東ティモールの首都ディリに約1カ月仕事で行くと言ったところ、「それは大変ですから体に気をつけて頑張ってください」と励まされ、柿の種やドライ納豆などのつまみをたくさんいただきありがたかった。こうしたささやかな気遣いが、風間の中の不安を和らげてくれた。

バリ島で1泊して翌早朝東ティモールに向かう。メルパチ航空の搭乗口

は空港ビルの一番外れの閑散とした所にあり、搭乗のアナウンスもなく、廃車間近ともいえる年代もののバスで搭乗機に向かったので一層不安が高まった。

大変な所に来てしまった

東南アジアの赤道近辺で東西方向に連なる弧状列島を「スンダ列島」といい、バリ島からティモール島までと周辺の島々を含めて「小スンダ列島」と呼んでいる。デンパサール空港を離陸後、小スンダ列島沿いに2時間弱飛行した。機上から初めて見るティモール島は、高い山岳部を除くと広葉樹が多く、しかも乾期の9月のために赤茶けた山の地肌が見えるほどであった。東ティモールの西側は地形が急峻なため、斜面崩壊や土石流の発生跡、荒れ果てた道路や河川が多く見られ、国土整備が急務なことを痛感した。

到着した東ティモールの空の玄関口、プレジデンテ・ニコラウ・ロバト国際空港（ディリ国際空港）は、首都ディリ西部の海岸に隣接した1,850mの滑走路の小さな空港である。2002年4月、小泉純一郎総理大臣（当時）の東ティモール訪問の際は、滑走路が短すぎるため日本からの政府専用機は着陸できず、一行はインドネシアで政府専用機から別の小型の航空機に乗り換えて着陸したというエピソードも残っていた。ディリ空港着陸時は大きく揺れると共に、滑走路をオーバーランしないかと冷や冷やした。空港ターミナルビルは平屋の建物で、乗降用のボーディングブリッジや売店もなく、荷物を受け取るターンテーブルはあるが動かないなど、日本の地方空港よりも空港機能の低さを感じた。

そんな不安を抱えた風間を、先行して現地に駐在していたJICA専門家の大芝敏明が出迎えた。大芝と共に出迎えの車でディリ中心部の滞在先のコンドミニアム「さくらタワー」に向かいながら、風間は眼を疑うような数々の光景に遭遇した。道路脇のブロック積みの商店や民家は、インドネシア軍

と独立反対派の人々によってことごとく破壊・焼き討ちされたままで、一部には焼け焦げたトタン板を壊れた家の上に載せて住んでいる人もいた。道路脇には破壊されたブロックや不用物などが散乱し、舗装道路は大きな穴が開いたまま放置されていた。国連の多国籍軍の車は猛スピードで土埃を巻き上げて走り回っていた。さすがに戦争で見られる戦車や大砲などは見られないものの、まさに戦場の跡と同じようであった。

　滞在中、朝食はホテルで、昼はご飯に3種類のおかずをのせた弁当だった。夕食を食べに行くレストランは少なく、スーパーは3店舗あったが品数が少なくあまり役立たず、いずれも遠く不便であった。通信手段はJICA事務所から貸与された携帯電話のみで、ネット環境は全く整っていなかった。現地の蚊取り線香の強烈な匂いと煙、早朝、豚のキィーキィーと泣き叫ぶ断末魔の声とその後の静寂さ、夜から朝まで傍若無人に流れてくる大音量の音楽など、これらが東ティモールの文化という人もいた。ディリ到着から滞在生活を通しての驚き、生活の不便さ、精神的なストレスなど、「大変な所にきてしまった！」というのが正直な印象であった。

ディリ国際空港のターミナルビル

焼き討ち後のディリ市内（2003年）

焼き討ちされた建物（2003年）

不安の中に希望を見出す

　大きな不安の中で足を踏み入れた東ティモールであったが、実際、自らの活動現場である東ティモール大学工学部のキャンパスを訪問すると、大学人である風間の心は少し晴れた。

　東ティモール大学は2000年11月に創設された総合大学で、工学部は首都ディリの東10kmのヘラという地区にあり、高等専門学校（ポリテク・ディ

リ)をその前身としており、管理棟、講義棟、実験棟、学生寮、野球場、陸上競技場、サッカー場、テニスコートなどを備えた立派なキャンパスであった。しかし、1999年の独立を問う住民投票直後に焼き討ちに遭い、建物や実験設備などがすべて破壊された。そのため、教官と学生はディリ中心街にあるメインキャンパスに避難して授業を行っていたが、風間が現地に到着した1週間後に建物と設備の緊急修繕が終わったヘラ・キャンパス

2003年10月東ティモール国立大学の最初の卒業式

土木工学科教官と風間との初めての打ち合わせ

に本格的に移動した。

　風間の活動目的は、「土木工学科の教育環境と実態、教官と学生の能力レベルを把握すること」であった。土木工学科の教官は12名で、このうち2名が日本に留学中、2名が副業に専念して大学の講義をほとんど担っていなかった。教官に何をどのように指導するかについて、土木工学科長や副学長らに相談した。数学や物理の試験を課して、教官自身がどの程度の学力を有しているか把握することを提案したが、教官のプライドを傷つける恐れがあるので学生を対象にした。1年生25名に代数と微分積分学、3年生28名に基礎力学の試験を行った結果、9割の学生が0点、残りの1割の学生は5〜30点と散々たる結果であった。

　その後、教官を対象に基礎力学の演習問題の指導を行ったところ、学生よりも多少は良い傾向にあるものの、基礎学力の指導の必要性を痛感した。その一方で、教官らの素朴で従順な性格、謙虚で真面目な人柄と旺盛な勉学意欲に支援する楽しみを見いだすことができた。

　滞在中に東ティモール大学の最初の卒業式が体育館であり、内外の関係者が招待された。風間もVIPクラスの窮屈な招待席に案内された。大学の主要教官と卒業生はお揃いの卒業ガウンと角帽を身に着け、学長と学部長が一人ひとりに卒業証書を手渡した。伝統的な西欧式の卒業式が整然と行われたことに、唯一の国立大学としてプライドが示されたように感じた。

　こうして、風間と東ティモール大学工学部の教官との協働活動が始まった。

悲劇の国・東ティモール

　東ティモールは16世紀から約400年間、ポルトガルの植民地であり、第二次世界大戦中に日本軍がティモール島を3年半占拠した。その後、インドネシアが東ティモールの独立運動の抗争を制圧して東ティモールを併合し

た。インドネシア軍による独立派虐殺事件や、国民投票で独立派の勝利に伴ってインドネシア軍と反独立派による破壊・暴力行為が激増したが、国連が多国籍軍を派遣して治安の回復に取り組んだ。そして2002年5月に幾多の困難と苦難を乗り越えて独立した。悲劇の国・東ティモールはどんな国なのだろうか。

東ティモールは沖縄の真南約3,900km、リゾート地で有名なインドネシアのバリ島の東約1,200km（航空機で2時間弱）のティモール島の東半分である。南緯9〜10度に位置し、南側にはティモール海を挟んでオーストラリア大陸がある。

東ティモールは東西約290km、南北20〜90km、国土の面積は約14,900km^{2}で、岩手県の面積よりもやや小さく、福島県の面積よりもやや大きい。国土の約6割が山岳地帯であり、東部は比較的平坦地が多いのに対し、西部は2,963mの最高峰のラメラウ山があり、山岳部が多い。東ティモールは急峻な地形や風化の進んだ地層などからなり、斜面の表層崩壊、地すべり、土石流、落石、河川氾濫、都市部の内水氾濫などの自然災害が多く発生し、多くの被害がもたらされている。長年にわたる抗争のためにインフラの整備や自然災害対策が大幅に遅れている。

東ティモールの気候は高温多湿の熱帯性気候であるが海に囲まれているため、平均気温は23〜33℃で日本の夏のような猛暑で多湿になることはないので、大変過ごしやすい。乾期はおおよそ5〜10月、雨期は11〜4月であるが、地球規模の気候変動のためか、時期がずれることがある。降水量のデータは乏しく、年間平均降水量は1,000〜2,000mmと推定され、局所的なスコールが多く、ディリ市内でもシャワー設備がない家庭が多いため、子どもたちはシャンプーや石けんを塗って庭や道路で雨をシャワー代わりにする光景がよく見られる。まさに昨今はやりの「レインシャワー」である。

東ティモールの人口は約131万人（2021年）で、30歳未満が約67%、

そのうち20歳未満は48％で若者が極めて多いため、初等・中等教育は、午前は低学年、午後は高学年の2部制の授業が行われている。高校も同様に2部制の授業が多い。教員数と教員の能力不足のために教育のレベルは低く、特に理数科教育は深刻である。

　東ティモールの産業は石油、天然ガスが主であり、その他にコーヒー豆をはじめとする農業、伝統的な織物のタイスなどである。石油と天然ガスの採掘は自国技術でできないのでオーストラリアの企業が行い、その資源収入が政府の大きな財源になっている。天然ガスの多くは、東京ガスと大阪ガスに輸出されている。コーヒー豆は自生のアラビカ種であり、我が国のNGOなどが栽培・加工技術の指導と共に販売を促進している。

　東ティモールの産業は大幅に立ち遅れ、工業製品のみならず農業産品を含む生活物資のほとんどはインドネシアをはじめとする東南アジアなどの国々からの輸入に依存している。そのために卵、タマネギ、白菜、ミネラルウォーターなどが、次の船便が着くまでスーパーからなくなることがあるが、どこかの国のように我先に買いあさるようなことはない。近年、ディリにビール工場とミネラルウォーター工場などができた。ビール工場ではインドネシアとシ

雨の国道でレインシャワーを楽しむ子どもたち（車内から撮影）

ンガポールのブランドのビールを生産しているが、インドネシアの同じ銘柄の
ビールと飲み比べるとディリ産はインドネシア産よりもひと味違うようである。こ
の理由は使用する水の影響らしい。

素朴で従順、人なつっこい国民性

　東ティモールの民族は主にメラネシア系とパプア系、その他マレー系、中
華系、ポルトガル系である。宗教はキリスト教徒（カトリック）が99％といわ
れているものの、古くからの土着宗教を信仰している国民もかなりいるとい
われている。東ティモール大学工学部支援プロジェクトの女性秘書が、バ
イクで足を骨折して接骨医が1カ月治療しても歩く許可が出なかったが、土
着の祈祷師のお祈りと指示ですぐに歩けるようになった例もある。つまり、接
骨医よりも祈祷師の方を信用している表れと思われる。

　東ティモールではワニを神様として敬い、決していじめたり殺したりしな
い。東ティモールには、ある少年が弱ったワニを助けたのでワニは少年を
乗せて旅をし、空腹になったが少年を食べずに死に絶え、ティモール島に
なったという伝説がある。東ティモールの海岸にまれにワニが現れることが
ある。東ティモールの大手電話会社はワニをロゴマークにしている。

　東ティモール人の国民性を一言で言うならば、素朴で従順で人なつっこ
いことである。初めて会った時、笑顔で迎えて親切に対応してくれる。しか
し、自尊心が傷つくようなことがあれば、一気に逆上して過激になることもあ
る。人事評価制度が確立していないこともあって競争意識が乏しく、物事
に対して受け身で、行動が消極的なことが多い。例えば、工学部の教官
は、停電や試験機の多少の不具合があるとすぐ授業を休講にし、代わりの
方法の模索や自ら修理しようとせずに、誰かが修理してくれるのを待つこと
が多い。

　東ティモール人の時間感覚は、腹時計から腕時計を通り越して一気に携
帯電話が表示する時計に移行してしまったこともあって、時間の観念が極め

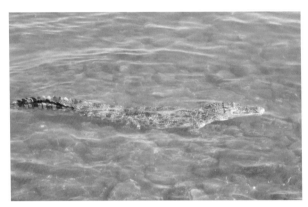

ディリの海岸に現れたワニ

て薄く、約束時間を30 ～ 60分遅れることは当たり前のことがよくある。このような場合、約束の時間は「時間にルーズなティモール時間でなく日本時間である」ことを念押しすることによって、次第に改善されつつある。約束の時間に政府機関に説明やお願いに行くと、ドタキャンされることや1 ～ 2時間待たされた挙げ句の果てにドタキャンということもある。政府のスケジュールは前日や当日に決まることが多く、また急な用件が入ることもあると思うが、トップのご都合主義がその下の組織まで影響していることも事実である。

　役所では、管理職クラスや大学の学部長クラスよりも上位職位の人に公用車が貸与され、燃料も供与される。彼らが貸与された車を通勤に使うのはともかく、休日にも家族を乗せて買い物や帰省に使用している人もいる。また、実験室の工具や器具を自宅に持ち帰って使用後に返さないなど、公私の区別をわきまえていない人を見かけることもある。

　東ティモールは途上国では珍しく、物もらい（乞食）がいないし、盗難や窃盗が少ない。この理由は定かでないが、農業や野生動植物から食料を十分に得ていたので自給自足によって食べ物を賄えたこと、また大家族やコミュニティのつながりで助け合っていたことによるのではないかと思われる。

教育能力向上に向けたヒューマンストーリー

東ティモールは今から20年ほど前、中世からの400年余りに及ぶポルトガルの植民地支配、その後のインドネシアによる武力併合を乗り越えて、21世紀最初の小さな独立国として東南アジアに誕生した。

インドネシアの苛烈な支配からの独立には多くの混乱と困難が伴った。その道は平坦ではなかった。独立と共にそれまで東ティモールを支えていたエリート層のインドネシア人は国外に脱出。独立後唯一の国立大学となった東ティモール大学工学部も、ほとんどの設備や機材が破壊された。あとには、ポルトガル、インドネシアの統治下で十分な教育の機会を受けることのできなかった教官たちが残った。大学教官としての資質・能力・経験は厳しい。さらには各人の日々の生活も厳しい。

その状況は、JICAが日本の大学と協働で支援を行う他の途上国の大学に比べてあまりにレベルが違った。支援する立場の日本側関係者も戸惑った。ただ、彼らが東ティモールの将来を担う人材を育てていく使命を持っている。それをなし得るのは彼らしかいなかった。

本書は、JICAが国家の発展を担う高度人材を輩出する使命を持った国内唯一の国立大学である東ティモール大学工学部の教育能力向上支援を題材にした物語である。この事業には実に多くの人が参画してきた。約20年に及ぶ活動期間のなかで、それぞれの立場・役割で事業に関与した4名の著者（風間、吉田、髙橋、小西）が、それぞれの体験を踏まえ、共に汗を流した東ティモールと日本の仲間たちとの触れ合いを描いた。

構成は、事業の背景としての東ティモールの近現代の歴史から始まり、東ティモール大学工学部の独立後間もない復興期の状況と支援活動、さらに復興期を脱却した開発期の取り組みと成果を、直面する課題や協力の仕組み・工夫・努力と共に描いている。また、本書の執筆者4名に加えて、東ティモール大学工学部支援プロジェクトに参画した経験を有する4名のコラム執筆者を招き、本協力事業の裏側や東ティモール社会の一端を

読者にご理解いただきやすいものにした。

　原稿の執筆にあたっては本書の執筆者4名で分担したものの、その後の推敲は原稿の分担とは関係なく、互いに手を入れ合い、忌憚《きたん》なく意見を交わし、ブラッシュアップをして1つの作品を作り上げた。

　なお、プロジェクトの実施における各組織の関係や役割、本書に登場する主な人物や執筆者（本編、コラム）との関係を読者のみなさんに分かりやすく伝えるべく全体構成図を作成したので、本書をお読みいただくに際し参照いただきたい。

図表1　全体構成図：プロジェクトの構成と登場人物・執筆者の関係

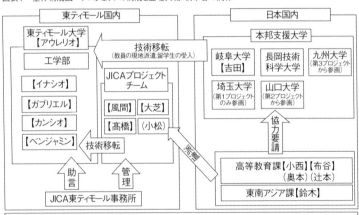

注1：各機関の役割は簡素化し限定的に記述した。
注2：本書における登場人物の主な立ち位置を【　】内に示した。実際には数多くの人が参画しているが、ここでは本書に登場する人に限定した。参画は必ずしも同時期ではない。
注3：本書の登場人物ではないコラム執筆者の立ち位置を（　）内に示した。

　東ティモール大学工学部への支援事業は、暴力と破壊、分断の歴史から立ち直り、国づくりを目指す東ティモール人によるチャレンジと、そこに戸惑いながらも情熱を注ぐ日本人とのヒューマンストーリーである。本書を通じて、両国関係者の苦しくも、心のふれあいで結ばれた連帯の絆の一端を感じていただければ幸いである。

JICAによる協力概要（その1）
～技術協力プロジェクトによる人づくりと制度づくり～

　ここで読者の方々のご理解を深めるため、本題に入る前に東ティモール大学工学部に対するJICAの主な協力を概観しておきたい。

　JICAは途上国に対する支援事業を様々なスキームで実施しているが、東ティモール大学工学支援には、主に技術協力プロジェクトと無償資金協力事業（その2で後述）の2つのスキームを活用した。

　まずは技術協力プロジェクトである。技術協力プロジェクトは、通常、5年程度の期間を定めた事業計画を立て、途上国が必要とする技術、ノウハウの伝授を「人」を通じて行う事業で、主に日本人の専門家が途上国の人に技術移転を行う。そのため、日本から日本人を専門家として途上国に派遣したり、途上国の人を日本に招いて研修を受ける機会を提供する。専門家の派遣期間、研修員の受け入れ期間は、短いものでは1週間程度、長いものだと2年から3年に及ぶケースもある。そして時には、そうした活動に必要な機材や資材を途上国に提供する。

　東ティモール大学工学部支援は2006年から2023年まで3つの技術協力プロジェクトを実施してきており、それぞれの支援期間、プロジェクト名、目標、特徴などは図表2のとおりである。

　最初のプロジェクトは2006年4月に開始したが、直後の5月、東ティモール国内の内紛により治安が悪化したため、現地に駐在していた関係者も一時国外に避難し、プロジェクトは中断した。再開は2007年8月であった。この第1プロジェクトでは、教官の基礎学力の向上を主な目標において支援した。

　2つ目のプロジェクトでは、教官自身が専門分野に関心が高いことに着目し、グループあるいは個人に対する専門科目の指導、そして研究活動の支援を行った。

　2016年からの第3プロジェクトは、社会ニーズに対応した教育・研究能力の強化を目標に、社会ニーズに即した教育と研究の実施と学部運営の

図表2　東ティモール大学工学部支援　技術協力プロジェクト一覧

事業期間	名称	支援学科と支援大学	目標	特徴	備考
2006年4月〜2010年3月	工学部支援プロジェクト（第1プロジェクト＊）	機械：長岡技術科学大学 土木：埼玉大学 電気・電子：岐阜大学	教官の英語、数学、物理、基礎工学等の基礎学力の向上	JICA専門家は学科教官全員に指導。教官の出席率は良好。若い優秀な卒業生を教官に採用。	国内治安悪化のため2006年5月〜2007年7月活動中断。約1/3の教官が修士課程に留学のため支援の効果が低下。
2011年2月〜2016年3月	工学部能力向上プロジェクト1（第2プロジェクト＊）	機械：長岡技術科学大学 土木：山口大学 電気・電子：岐阜大学	教官の教育能力、研究能力、管理運営能力の向上	研究プロポーザルによる研究支援と指導。JICA専門家の指導はグループまたは個人。管理運営・学術委員会設置。大学が3年制から4年制に移行。	4年制カリキュラムの最初の卒業生輩出まで支援期間を1年2か月延長。約10名の教官が急にポルトガルに留学のため支援計画変更。教官の待遇大幅改善。
2016年8月〜2023年3月	工学部能力向上プロジェクト2（第3プロジェクト＊）	機械：長岡技術科学大学 土木：山口大学 電気・電子：岐阜大学 情報：岐阜大学 地質・石油：九州大学	社会ニーズに対応した教育・研究能力の強化	産官学の連携ユニットを設立し共同研究、セミナーの実施および工学部紀要を発行。JICA専門家の指導はグループまたは個人。	無償資金協力プロジェクトにより事務室、教官室、教室、実験室、図書室、多目的ホール等の新校舎建設。コロナ禍のため1年7か月支援期間を延長。

＊正式な名称でないものの、本書では便宜的に事業実施時期によりこのように呼称する。

土木工学科で指導をする日本人教員

電気・電子工学科で指導する日本人教員（筆者の1人吉田（左））

強化を図った。そのために産官学との連携活動を行う連携ユニットが設立され、共同研究、セミナー、特別講演などの実施、さらに工学部独自の紀要を発行して研究成果を外部に発信した。このプロジェクトから情報工学科と地質・石油学科が支援対象になった。

JICAによる協力概要（その2）
～無償資金協力事業による建物・機材の整備～

　東ティモール大学工学部支援においてもう1つの重要なスキームが無償資金協力事業である。このスキームは、病院の病棟や診断・治療用機材、学校の校舎や研究室などの設備や教育・研究用機材、小規模な橋梁や道路、港湾設備などの建設のために必要な資金を、無償で途上国政府に提供するものである。

　東ティモール大学工学部の教育・研究用の建物、設備、機材の整備が無償資金協力によって行われたのは、2002年のヘラ・キャンパスの建物の修復と機材供与、次いで2019年の工学部校舎の新築と機材供与である。

特に後者は、技術協力プロジェクトで育成された東ティモール大学工学部の教官たちが積極的に事業計画立案に参画した。新校舎は、長年放置されたままになっていた焼き討ちされた講義棟の跡に建設された。鉄筋コンクリート造り一部鉄骨造り、地上3階建て延べ床面積約8,000m^{2}で、事務室、教官室、講義室、実験室、図書室、セミナー室、400名収容の多目的ホールなどからなる。インターネットなどのインフラ整備や附属設備が備えられ、教室は50名収容が15室、80名収容が5室あり、従来の大部屋の教官室から小人数の教官室になり、研究や教育を落ち着いて実施できるようになった。供与された主な機材は、パソコン171台、視聴覚機材、万能試験機、フランシス/ペルトンタービン実習装置、熱サイクル実習装置、偏光顕微鏡などであり、これらの機材は日本の専門家の指導の下、東ティモール大学工学部教官により有効に活用されている。

2019年に竣工した無償資金協力事業により整備された校舎設備　　　　（りんかい日産建設㈱提供）

第 1 章

植民地支配からの脱却

　本書の主題は東ティモール大学工学部への支援である。そのヒューマンストーリーに入る前に、東ティモールという国の近現代の歴史を簡単に確認しておきたい。それは、なぜJICAがこの小さな国への開発協力、そして人材育成にこれほどまでの協力を行ってきたのかということの背景にもつながっているからである。

　中世の大航海時代に始まったポルトガルによる植民地支配、そして隣国インドネシアによる武力併合により荒廃した国土。そこから立ち上がり、21世紀最初の独立国となった東ティモール。

　本章では、その東ティモールの苦難の歴史と共に、新たな国づくりにチャレンジする東ティモールに寄り添う日本、JICAの緊急支援を概観する。

1. 独立までの苦難の道

400年に及んだポルトガルの植民地支配

　はじめに、東ティモールの近現代の歴史について簡単に振り返ってみよう。途上国の開発協力を行うにあたり、その国の歴史、とりわけ近現代史を理解することは重要である。教科書で学ぶ歴史は「過去のもの」と思いがちであるが、途上国の社会、そして社会が抱える課題は、その国や周辺国の近現代の歴史と直接結びついていることが多く、「生きた歴史」ともいえる。その歴史を理解する中で、開発協力事業の有効な活動アイデアが出てくることもある。

　東ティモールも例外ではない。遠く離れたヨーロッパに位置するポルトガル、そして隣国のインドネシアから大きな影響を受けた。これから紹介する東ティモール大学工学部支援事業は、これらの国との関係なしには語ることができない。

　大航海時代の15世紀。ヨーロッパの中でもいち早く造船と航海の技術を発展させたポルトガルは、アフリカ、そしてインド、マレー半島、中国と、アジアにも積極的に進出した。狙いは鉱物資源や香辛料などの貿易、キリス

ト教の布教であった。

　東ティモールが位置するティモール島にポルトガル人が上陸したのが16世紀初め。ポルトガル人は、中国などで需要の高かった宗教儀式や薬用に使う甘い香りを放つ白檀[1]を収奪すると共に、キリスト教の布教に取り組み、ティモール島を植民地とした。

　その後、この地に進出してきたオランダとの間でティモール島の領有を巡って争いになり、両国の間で紛争解決のための条約が結ばれた。これが19世紀半ばの「リスボン条約」である。ティモール島は東西に分割され、東半分、今の東ティモールに当たる地域がポルトガルの支配下に、西半分はオランダの支配下に置かれた。

　東ティモールは、16世紀以降、20世紀後半にインドネシアによる軍事侵攻を受けるまでの約400年間、ポルトガルによる本国繁栄のための植民地支配を受けることになった。

インドネシアによる武力併合

　第二次世界大戦後、インドネシアは4年余りに及ぶ独立戦争を経てオランダから独立を果たした。その際、それまでオランダに植民地支配されていたティモール島の西半分の地域もインドネシアの領土になった。1949年のことである。島の東半分のポルトガル領東ティモールにとって、地域の大国インドネシアが、突如、陸路で国境を接する隣国になったわけである。

　その後、東半分の東ティモールの地域は、ポルトガル本国で1974年に発生した「カーネーション革命」の影響を受けて成立した政権により、ポルトガルの植民地から解放された。この動きのなか、ポルトガルによる圧政から東ティモールを解放しようと反植民地闘争を続けてきたグループ、ポルトガル

1）インド原産の熱帯性常緑樹で、インドのほかインドネシア、オーストラリアなど太平洋諸島に広く分布する。甘い芳香が特徴で、薬用のほか、香木として仏像や仏具などの宗教儀式用品、扇子などにも使用される。日本には中国から仏教とともに伝来したといわれている。

による支配下で恩恵を受けてきたグループ、そして隣国インドネシアによる合併を期待するグループのそれぞれが政党を結成し、新政府の樹立を目指した。その中で特に有力だったのが従来から反植民地闘争を行ってきたグループで、農地改革や農業協同組合の結成、識字教育、保健医療サービスの提供など、広く国民に寄り添った社会主義的政策を掲げていた。

こうしたグループが独立に向けて主導権争いをしている最中の1975年、突如、隣国インドネシアが国境を越えて東ティモールに軍事侵攻した。そして翌年には、インドネシアは併合を宣言するに至った。当時、世界はアメリカや西ヨーロッパを中心とした資本主義・自由主義陣営と、ソビエト連邦を中心とする共産主義・社会主義陣営の対立構造、すなわち東西冷戦の時代であった。両陣営は、安全保障の観点から世界の国々を自陣営に引き込むことに躍起になっていた。インドネシアは、自国領土に隣接する国が共産主義・社会主義の国になることを避けたかった。この点は、反共産主義を起源とする当時の東南アジア諸国連合の国々も同じであり、ティモール海を挟んで数百キロの場所に位置するオーストラリア、資本主義・自由主義陣営の盟主アメリカ、さらには日本も同じであった。加えて日本には、天然資源も豊富なインドネシアとの貿易を通じた経済的利益を優先する思惑もあった。このためインドネシアの明らかな軍事侵攻にもかかわらず、国連総会で数年にわたって提起され続けたインドネシア非難決議を、主要欧米諸国や日本は毎回反対または棄権して、インドネシアの行動を支持する立場を国際社会に示したのである。

インドネシアの圧政と独立闘争

インドネシアの武力併合に対し、独立推進派の一部リーダーは、旧宗主国ポルトガルなどに亡命した。国内に留まった者は、反政府ゲリラとなって抵抗を続けた。こうした動きに対し、インドネシアは国軍を使って徹底的に武力による管理、弾圧を行った。インドネシア国軍は直接統治のほか、併

合を支持する東ティモール住民に軍事訓練を施して民兵として育成し、独立派ゲリラを抑え込んで間接統治を行った。

その一方で、東ティモールを「27番目の州」と位置付け、インドネシアという1つの国家の枠組みの下、東ティモール社会の開発にも取り組んだ。本国経済のための収奪に専念し、制度整備や人材育成をしなかったポルトガルに比べ、インドネシア統治時代は、インフラの整備や教育施設の拡充、産業振興が進んだともいわれるが、それはインドネシアへの同化政策の一環であったともいえる。インドネシアから東ティモールへの移住促進のほか、インドネシアから派遣された教員を含む公務員には離島手当、公務員住宅、米の支給などで優遇した。インドネシア行政機構の下での統治、インドネシアの教育制度に基づいた学校教育が行われた。学校ではインドネシア語教育、そしてインドネシア語による教育が行われた。

インドネシアによる東ティモール社会の開発は、その意図が見え透いていたこと、開発事業の利益が一部のインドネシアに由来する者に集中的に分配される構図になっていたことから、東ティモール人の間では歓迎されなかった。むしろ武力併合により、民族自決の権利と機会を奪われた国民の反感は強く、インドネシア国軍の武力による徹底した弾圧下にあっても、独立を希求する活動が止むことはなく、反インドネシア運動、独立運動は繰り返し行われた。

親インドネシア住民による国土の破壊

1990年代、東ティモールの独立に大きな影響を与えた出来事が2つあった。

1つは1991年のソビエト連邦の崩壊による東西冷戦の終結である。これにより、資本主義・共産主義というイデオロギーに基づく「縄張り争い」がなくなり、世界的に民族自決を支持する動きが高まった。1970年代に共産主義国家の拡大阻止の観点から、インドネシアによる不条理な武力併合を

黙認した国際社会は、東ティモールの独立を支援する流れになっていた。

　そしてもう1つの出来事は1997年のアジア通貨危機である。国際社会からの開発援助や外資誘致を独占的にコントロールすることにより長年独裁を敷いていたインドネシアのスハルト大統領も、アジア通貨危機の波に飲み込まれ辞任を余儀なくされた。跡を継いだハビビ大統領は、大打撃を受けた経済の立て直しには国際社会からの支援が不可欠であり、国家財政支出抑制の観点からも東ティモールの維持に執着していなかった。

　高まる東ティモール独立の機運に対し、1999年8月にインドネシアからの独立を問う住民投票が行われた。結果、98%超の投票率の下、実に78%超の人がインドネシアの自治州という位置付けを拒否し、東ティモールの独立を求めた。これにより東ティモールの独立が国際的に認知されることとなった。

　しかしながら、インドネシア国軍の庇護を受けていたインドネシアへの統合を支持する東ティモール住民は、住民投票の不正を訴え、独立派住民を主たるターゲットとした暴力、独立派住民の住居への放火、さらには公共施設への放火・破壊を行った。この時に殺害された住民は1,000人を超え、30万人もの住民が西ティモール側に避難せざるを得ない状態となったといわれている（「東ティモールを知るための50章」）。破壊された公共施設は、道路、水道、通信、電力、官公庁や病院、学校などの施設で、実に全国の70%ものインフラが破壊されたといわれている。

　加えて、東ティモール社会を支えていたインドネシア人の行政官や教員は本国のインドネシアに戻ることとなった。インフラも人材もなく、公務員も教員免許を持った教員もほとんどいなくなり、しかも多くの反独立派の東ティモール人は国外避難民となった。まさに国土の崩壊であった。

　しかしながら、こうした苦難の道をたどりながらも国際社会の支援を受け、「自らの国を造る」という想いの中で、東ティモールは2002年5月、21世紀最初の独立国として世界の歴史にその名を留めることになった。

2. JICAの緊急支援

東ティモール復興支援を日本が主導

　日本政府は東ティモールの独立支援と独立後の国づくりに極めて積極的に関与し、国際社会をリードしていた。

　当時、日本は、長年の悲願である国連安保理の常任理事国入りも念頭に、世界の平和と安定に一定の役割を果たすべく、全世界において政府開発援助（ODA）による途上国支援をはじめ、国際会議の主催、紛争停止や復興支援のための文民要員派遣、自衛隊のPKO部隊の派遣など、国際貢献活動を活発化させていた。特に1990年代前半、内戦終結後のカンボジア社会の復興に、かけがえのない人命の犠牲を伴いながらも取り組んだ経験があった。そうした経験を有するなか、東ティモール問題はアジアの問題であり、過去にインドネシアによる東ティモールの武力併合を容認した苦い経験を有する日本は、アジアの盟主として積極的に取り組む姿勢を見せていた。

　具体的には、独立を決定づけた1999年の住民投票実施への資金拠出と要員派遣による支援のほか、治安回復・維持のための多国籍軍派遣への資金支援を行った。そして東ティモール人による政府が成立するまでの準備期に、立法・行政・司法の三権による統治を一元的、かつ暫定的に担った国連東ティモール暫定行政機構（UNTAET）に対し、副代表ポストへのJICA役員の派遣をはじめとする人的貢献も行った。

　さらに日本は、国際社会による東ティモール支援を議論する「東ティモール支援国会合」の第1回会合を1999年12月に東京で主催し、3年間で1億ドルという多額の支援を行うことを表明した。

　日本は、東ティモールの独立前後の緊急人道支援から復興・開発支援まで、幅広く包括的に様々なスキームを活用した。緊急人道支援としては、日本のNGOによる食糧や生活必需品の配給、国連機関による難民支援経費への資金拠出、独立派とインドネシアによる統合派の対立解消・和解

のための活動への資金提供、陸上自衛隊による道路や橋梁の復旧などである。

　復興・開発支援としては、社会基盤整備、ガバナンス、経済復興を重点分野に定め、破壊された道路や水道、通信、電気などのインフラ整備、教育制度・施設の整備、医療分野の支援、司法・行政分野の人材育成、主要産業である農水産業の施設整備などを、日本人専門家派遣や資金協力により実施した。これら復興・開発支援事業の多くがJICAの関与により実施された。

史上初？　海上に浮かぶJICA事務所

　JICAの動きは素早かった。国際社会の動き、日本政府の動きを受け、どのような協力が求められているのか、どのような事業が効果的なのか、毎晩遅くまで議論を重ねた。そして、1999年12月の東京での第1回東ティモール支援国会合の翌月には調査団を現地に派遣し、東ティモールの復興・開発支援のニーズの確認と具体的な事業の形成、その準備作業を開始した。いくら多国籍軍が治安を守っているからと言っても、不安定な状況にあり、いつまた暴動が発生するか、偶発的な衝突が発生するか誰も見通せなかった。しかし、JICA関係者は、ポルトガル、インドネシアによる植民地支配から苦難の末に独立を勝ち取り、新しい国を造ろうとする東ティモールのために働けることを意気に感じていた。

　JICAが現地で活動をするにあたり、まずはその拠点となる事務所が必要だ。事務所用の適当な不動産物件を探すほか、現地スタッフのリクルート、そして事務机や椅子、書棚、パソコン、コピー機などの事務機器の調達も。ところが、住民投票後の混乱で多くの建物が焼き討ちに遭い、営業している商店も少なく、物品の調達は容易ではなかった。そして、肝心の事務所用物件が見つからない。そもそも日本から出張に行って泊まれるホテルがなかったのである。日本から派遣されたJICAの調査団員が泊まって

ディリ港に停泊する洋上ホテル　　　　　　　　　（JICA報告書から引用）

いたのは、ディリ港に停泊していた大型客船を利用した「洋上ホテル」だった。客船のキャビンをホテルの客室代わりに使用していた。狭い3畳ほどのキャビンである。

　支援活動の早急な開始のため、迅速な事務所の開設が求められていた。なかなか良い物件が見つからない。見つかる可能性の低い不動産物件を探し回る時間ももったいない。覚悟を決めた。「とりあえず、洋上ホテルをJICA事務所にしよう」。JICA史上初めてともいえる「洋上事務所」の誕生であった。

　厳密には、まだこの時点では東ティモールという国は成立しておらず、東ティモールが独立を果たす2002年5月までの2年間は、ジャカルタにあるJICAインドネシア事務所のディリ事業所という位置付けであった。

インフラ復旧、農業開発、人材育成を柱に

　異例の速さで東ティモールに現地事務所を設置したJICAは、現地のニーズを踏まえ早急に活動を開始した。支援の柱に掲げたのが、「インフラ復旧整備」「農業・農村開発」「人材育成および制度づくり」であった。

　インフラ復旧整備支援では、暴動で破壊された道路、電力、水道、港湾などの施設のインフラに加え、東ティモールが新しい独立国として国を発展させていくために必要な、緊急性の高いインフラの復旧・整備のための調査を行った。

　水供給システム整備支援である地区の水道管の交換・整備を行ったが、対象から漏れた隣の地区の住民らが十数名、槍を持ってJICA事務所に押しかけ、「なんで自分たちの地区では水道管整備をしてくれないのか」と陳情を受けたこともあった。地域住民の人たちも、日本からの支援に強く期待していた。

　東ティモール人の多くが従事している産業が農業であった。その主要産業を支える農業・農村開発支援では、東ティモール社会の経済的自立を目指し、水稲灌漑施設の整備のほか、農業機械の提供とその活用方法の技術指導、適正な品種の選定、営農に関する技術指導により、米の生産性向上を支援した。日本のNGOと連携してコーヒー豆の加工技術向上も支援した。

　人材育成および制度整備支援は、あらゆる分野での協力が該当したが、中でも教育分野が中心となった。暴動で破壊され不足する小中学校の教室や教員室の整備、机や椅子、書棚などの整備を行った。また、暴動発生当時、インドネシアの大学に修学中で、暴動の混乱により修学継続が困難になった学生に対して奨学金を支給した。また、高等専門学校（ポリテク・ディリ）に対して、自動車整備と、電気製品修理技術を指導する青年海外協力隊OBを派遣した。

　そして教育分野で最大の協力が、本書の主題でもある東ティモール大学工学部への支援であった。詳細はこの後のヒューマンストーリーをお読みいただきたい。

　東ティモールは独立後10年くらいまでは日本人に実情が良く知られていないため、企業やNGOなどから情報収集の問い合わせや訪問者が多くあった。大学の夏休みに日本人学生ら数名〜20名ほどが、東ティモールの歴史、独立の経緯、現状把握、今後の課題などを学ぶ目的でプロジェクトオフィスを訪れ、筆者らと交流する機会が多くあった。学生の専門分野は国際協力関係のみでなく医療、看護、衛生、福祉、教育、社会科学、工学など多岐にわたっていたが、彼らから「先進国は国民の税金や寄付金を使ってなぜ開発途上国を支援するのか？」、「日本はなぜ小さな国の東ティモールを支援するのか？」、「日本は生活保護世帯数が150万以上もあるといわれているので、国際協力よりも日本の困窮者をより多く支援すべきでないか？」などの質問が投げかけられた。これに対して次のように説明して学生の理解を得るようにした。

　第二次世界大戦で荒廃した日本は、先進国からの支援や援助物資を受ける被援助国であった。アメリカ政府の復興基金、世界銀行の低金利融資による高速道路、新幹線、ダムなどのインフラ整備、ユニセフによる子どもたちの保健医療の支援などによって日本は目覚ましい復興と経済発展を遂げた。これは当時の先進国や国際機関の支援のお陰であることを忘れてはならない。

　2011年3月11日の東日本大震災は日本の観測史上最大規模の地震で未曾有の被害が発生し、100カ国以上の国と地域から救援物資、寄付金、救助隊の支援を受けた。そのため2011年の日本はトップクラスの「被支援国」になった。東ティモールからも日本に寄付金と救助隊員派遣の支援の申し出があった（コラム・支援の余話「東日本大震災、『We pray for Japan（日本のために祈る）』」を参照）。

　生まれてくる子どもは両親も出生地も選ぶことはできず、裕福な家庭や貧困の家庭に生まれることもある。人類はすべて平等であり、お互いに助け合って生きることが国際的な合意事項である。したがって、食糧、保健医療、経済活動、インフラ、居住環境、教育などが貧困な国と地域、さらに戦争や紛争で困窮している人々を支援することは、先進国や恵まれた人々の使命ともいえる。

　世界の国々の人々はいろいろな気候風土や大地で生活しており、地域や国によって産業や生産物などが異なっている。科学技術の進歩に伴い、世界中の居住環境や生活レベルは向上し、昔のように自給自足の生活はできなくなっている。物流、商取引、交通、技術、情報などのグローバル化と日常生活の向上のために、外国との交流によってお互いに助け合わなければならない。例えば、日本はエネルギーの8割、食糧の6割以上を海外に、工業製品の輸出は海外市場に大きく依存している。したがって、開発途上国や生活困窮者などを支援して友好関係を構築する必要があり、これらの支援は結果的に日本の国益につながることになるといえる。

日本の大学生による工学部実験室の見学

第 2 章

東ティモール大学工学部支援の
長い道のりの始まり

　日本政府、JICAによる対東ティモール支援方針の策定が終わり、実際の支援活動が開始された。東ティモール大学工学部支援事業もその1つであった。早速、支援事業の準備に取りかかったが、それは予想以上に困難であった。住民投票後のインドネシア軍と反独立派による破壊・暴力行為が激しく、大学ではそのまま使用できる施設・機材がほとんどなく、カリキュラムやシラバスも存在せず、大学として教育をできる状態ではなかった。

　そうしたなか、偶然、業務命令を受けた1人のJICA職員が奮闘する。彼には高等教育分野の知識がなかった。全くの素人であった。が、彼の奮闘に日本の大学の先生たちが応えた。

　本章では、荒廃した国土の中で国内唯一の国立総合大学としてスタートした東ティモール大学の工学部の教育能力向上のため、その後長きにわたって行われるJICAプロジェクトの基盤形成期の取り組みとそこで直面した問題を紹介する。

1．東ティモール大学工学部支援の幕開け

運命の辞令が下りる

　2001年1月。風間が初めて東ティモールの地を踏む2年余り前のある日。東京のJICA本部内の会議室。経験者採用職員としてこの日からJICAで勤務をスタートさせる鈴木和哉は、緊張した面持ちで辞令の交付を待っていた。

　「東南アジア課勤務を命ずる」

　東南アジア課とは、東南アジア地域の中でもインドネシア、フィリピンなど、海洋地域の国々に対する協力事業の実施方針や事業計画の立案を担当している。同課が所掌する国の中に東ティモールがあった。鈴木には東ティモールを担当するよう業務指示がなされた。

　「なんで自分が東ティモールの担当に？」。これまで東ティモールとは全く縁がなく、テレビで独立に向けた動きを見る程度であったが、ただ1つ思い

当たるふしがあった。JICAの採用面接の中で「国を造る仕事がしたい」と言ったのである。まさか、その言葉がこうした形で現実になるとは…。この瞬間から、鈴木と東ティモールとの関係が始まった。

　JICAは東ティモールのニーズを踏まえ、「人材育成・制度づくり」「農業・農村開発」「インフラ整備」を協力の柱として、その復興・開発を支援した。この人材育成・制度づくりの支援の中に、インドネシアによる統治、その後の混乱により崩壊してしまった教育制度の再構築と施設の整備、教育機関としての能力向上支援も含まれていた。

　ここから鈴木は、その後長きにわたって実施される東ティモール大学工学部支援事業の礎を築くことになる。

「国家百年の計」に挑む

「鈴木さん、ちょっと業務の引き継ぎいいかな？」

　JICA本部で業務を開始して早々、まだ右も左も分からない時分にいきなり前任者からの業務の引き継ぎだ。新しく入ったばかりだといっても容赦ない。そもそも周りのみんなが東ティモール支援に盛り上がっていたし、鈴木自身もこの新しいチャレンジングな仕事にワクワクしていた。

　が、説明される業務内容に戸惑いを感じた。東ティモール大学工学部への支援、なんと教育分野の業務である。鈴木の専門分野は「農業、農業灌漑」であった。それが、いきなり教育。全くの畑違いである。が、そんなことは言ってられない。総合職のJICA職員として「何でもやります！」という覚悟だった。

　未成立の東ティモール政府に代わって、時限的に東ティモールの行政を代行していた国連東ティモール暫定行政機構は、2000年11月に既存の単科大学などを統合して国内唯一の国立総合大学である東ティモール大学を開学させていた。その中に工学部も含まれていた。国の社会経済の長期的発展を考える時、道路や橋梁、空港、港湾、電力、通信などのイ

ンフラ整備のための技術者、それを国家計画として立案し監督する技術系行政官、民間企業としての産業開発分野の人材、そして次世代を育てる学校の教員など、高度な知識と技術を身につけた人材を自国で育成することが重要だ。外国への留学だけに頼っていられない。これから新たな国づくりを目指す東ティモールにとって、まさに「国家百年の計」である。

が、引き継ぎで受けた説明から理解するところでは、大学とは名ばかりの大変な状況のようだ。まず工学部の母体はインドネシア統治時代の高等専門学校（ポリテク・ディリ）で、その校舎や実験機材はほとんどが焼き討ちに遭ってボロボロに破壊されている様子。数学や物理の知識のない教官も多いとのこと。これでは学生に何を教育できるのだろうか。大学の工学部として、カリキュラムの見直しとそれに基づく教育用設備と機材の整備、そして教官の能力向上が必要だろう。

具体的な協力計画を立てようにも現実が分からない。まずは自分の目で見て、関係者から話を聞いて、現実を理解することが大事だ。「百聞は一見に如かず」だ。鈴木は、「東ティモール大学工学部再建要請背景調査」の調査団を構成し、早速現地に飛ぶことになった。JICAに入ってわずか2カ月後のことであった。

2. 高等教育の再生

破壊された校舎、退避した教員

東ティモールに向かう機中の人となった鈴木が手にした機内誌には、東ティモールがインドネシアの領土として記載されていた。まだ独立前なので当たり前ではあるが、東ティモールという「国」の開発協力を担当する鈴木は複雑な思いを抱いた。

現地入りした鈴木が目にした東ティモール大学工学部のヘラ・キャンパスの設備は悲惨だった。元々インドネシア政府により建設された高等専門学校（ポリテク・ディリ）であったが、1999年8月の東ティモールの独立を問

破壊されたヘラ・キャンパスの設備の一部 （JICA報告書から引用）

う住民投票の結果に反発し、インドネシアとの統合を支持する勢力による放
火・暴力行為により、多くの設備が焼失し機材も破壊されていた。管理棟
や実験棟は火災で屋根が焼失し、無残に骨組みをさらしていた。玄関
ホールも天井と屋根が焼失。講義棟、講堂、職員宿舎など、どれも同じよ
うな状況で破壊の限りが尽くされていた。

　ポルトガルに代わって武力併合したインドネシアは、東ティモールを「27番
目の州」と位置付け、インドネシアへの同化政策を推進した。このため公
用語はインドネシア語で、学校ではインドネシアの制度に基づいた教育がイ
ンドネシア語により行われた。教員資格は、小学校の場合、高卒後2年間
の師範学校を卒業した者に付与されていたが、実際には中学校卒の代用
教員や小学校を卒業しただけの無資格教員が過半数を占めていた。また
中学校教員、高校教員は、資格を付与できる大学が東ティモール内に設
置されていなかったため、教員のほとんどがインドネシアから派遣されてい

た。しかし、派遣された教員のほとんどは、独立を問う住民投票直後の混乱の中、東ティモールの外に退避・帰国してしまい、小中学校の教員の80%がいなくなったとの報告もあった。残されたのは、中途半端にインドネシア語で教育をされた児童、生徒や学生。絶対的に不足する教員を補うべく、無資格の者がボランティアで教壇に立つケースも出ていた。

　東ティモール大学工学部の前身である高等専門学校（ポリテク・ディリ）の教員でも、60%程度の者が混乱の影響で他地域に退避してしまい、大学の教育ができる資格を有する者は半分程度しかおらず、明らかに教員不足であった。

　こうした事情は提供される教育の質の問題であり、東ティモール社会の人材不足に直結する問題となっていた。

　このほか高等教育の現況、カリキュラムやシラバス、教職員の配置体制や教員の学歴・教育歴なども確認した。どのように再建すれば良いのか。教育分野の素人である鈴木は頭を悩ませた。

国内唯一の国立大学の誕生

　東ティモールは16世紀後半から約400年間ポルトガルの植民地であり、ポルトガルはキリスト教を広く布教したが、東ティモール人の教育に関して熱心でなかった。インドネシアによる統治下の1992年、首都ディリから東10kmに位置するヘラに、2年制の会計科、秘書科、機械科、土木科、電気科からなる高等専門学校（ポリテク・ディリ）が設立された。ヘラ・キャンパスは、広大な敷地に管理棟、講義棟、実験棟、学生寮、教員宿舎、野球場、陸上競技場、サッカー場、テニスコート、プールなどを備えた立派なキャンパスであった。しかし1999年、国民投票で独立派の勝利に伴い、インドネシア軍と独立反対派によってキャンパスの建物や機材は焼き討ちされ、壊滅的な被害を被った。

　ポルトガルの植民地時代およびインドネシア統治下でも、東ティモールに

東ティモール大学メインキャンパス

国立総合大学は設立されなかった。国立の総合大学は、それぞれの国の最高学府であることが多く、東ティモールのステータス・シンボルとして設立が切望されていた。2000年11月、文系の私立大学とポリテク・ディリを統合して東ティモール唯一の「東ティモール国立大学（UNTL）」が創設された。当時は農学部、教育学部、経済学部、社会科学部、工学部の5学部であった。創設時の工学部は、機械工学科、土木工学科、電気・電子工学科の3学科で、ポリテク時代の2年制から3年制に移行したが、卒業生は学士でなく「ディプロマ3（3年制大学の学生の卒業資格）」の学位であった。

　独立直後、東ティモールの高等教育機関は10数校存在し、その中には実体のない組織もあった。政府は高等教育機関の認証制度を採り入れて、国立大学を1校、私立の単科大学など10校を認めた。

何語で教えるの？

　東ティモールの先住民はメラネシア系とパプア系がほとんどであり、その他マレー系、中華系などである。東ティモールは飛び地のオエクシを含めて

13県あり、その県あるいは集落ごとに言語の異なる部族語がある。その数は30〜40といわれている（島田 1990）。これらの部族語を統一したのがテトゥン語である。テトゥン語には過去、現在、未来の時制を表す表現がないので、文章の表現内容によって時制を理解している。

　東ティモール政府は、建国にあたり公用語をテトゥン語とポルトガル語に決め、憲法に明記したが、実用語はインドネシア語、テトゥン語、英語、方言を含む部族語が使われている。

　1999年インドネシアが東ティモールの独立を容認してから、東ティモール政府は親ポルトガルの独立派の人々で占められると共に、ポルトガルなどのポルトガル語圏の国々から多くのアドバイザーが各省庁、大学、公的機関に送り込まれた。ポルトガル語をベースにして、新憲法の起草や法律の見直しなどが行われたものの、ポルトガルが最も力を注いだのは教育分野である。大勢の教員を派遣して、小中学校のポルトガル語教育や公務員に対するポルトガル語研修を行った。このために独立後にポルトガル語教育が始まったが、多くの国民はインドネシア語で教育を受けてきたので、学校教育でポルトガル語を教えられる先生は少なく、ポルトガル語の普及は思うように進まなかった。

　2001年の調査の最中に、「JICAが派遣する日本人専門家は、何語で東ティモール大学の先生を指導すれば良いのだろう？」と鈴木は問うた。当時、公用語をどうするかという議論が盛んだったからである。学長は「ポルトガル語でも英語でも、インドネシア語でも大丈夫。何なら日本語でもOKだ」との回答。さすがに日本語はないだろうが、政府の方針はともかくとして、教育現場で使う言語が実質的に規定されておらず、混乱していたのは間違いないが、どのような言語であっても一刻も早い教育の再開が大事という思いから出た言葉であろう。

　小学校から大学までポルトガル語とテトゥン語の授業があり、また英語の授業もあることなどから、実用語との関係を考えると言語問題は東ティモー

ル人にとって二重苦、三重苦になったといえる。

　なお10年余り後の2012年のことであるが、教育機関においてインドネシア語による教育が禁止され、教育はポルトガル語またはテトゥン語で行うことになり、卒業論文のみ英語の使用も認められた。このような方針に対して、インドネシア語で教育を受けた世代の教官たちが速やかに対応できるわけがなく、ほとんどの教官はテトゥン語またはインドネシア語で講義を行っていた。

　鈴木同様、公用語の言語問題に苦慮していた現場の日本側のリーダーである風間も焦った。今日では国際言語になっている英語、とりわけ工学分野では教育、研究、実務で英語が主流になっていること、日本の支援は英語以外の言語では教官指導ができない。もしこの方針が厳格に適用されることになったら、JICAのプロジェクト活動の継続ができなくなる。現場の責任者としてここは譲れない。東ティモール大学のアウレリオ学長らに英語での教官指導を認めるように交渉した。この時、もし英語の使用が認められない場合は、工学部支援を中止する覚悟をしていた。が、風間の心配は杞憂に終わり、比較的容易に英語の使用が認められた。学長も東ティモール国内の情勢のみならず、国際情勢を十分理解していたのである。

鈴木、専門家探しに奔走する

　2001年、東京から現地に飛んだJICA担当者の鈴木は、東ティモール大学関係者との協議の結果、JICAの支援分野を、機械工学、土木工学、電気・電子工学の3学科とすることに決めた。

　工学部前身のポリテク・ディリは、高校卒業後2年間修学する2年制のため、工学部を3年制に移行するには3年制のカリキュラムを策定しなければならず、それには各分野の専門家の協力が不可欠であった。

　東京に戻った鈴木は、これまで途上国の大学を支援するJICAのプロジェクトに参画した経験を有する本邦大学の教員リストを片手に、かたっぱしからメールを送り、電話をかけて協力を要請した。が、なかなか良い返

事がもらえない。当時は、JICAの大学支援プロジェクトが多く実施されていたため、本邦大学の先生はその対応で忙しかった。加えて、日本の行政改革の一環として国立大学の独立行政法人化が決定されており、それを見据えて論文数などの研究業績を大幅に向上させることが叫ばれていた。日本の国立大学の先生にとって、途上国支援をする余裕は少なかったのである。

　「東ティモールってどこにあるの？」「東ティモールに大学なんかあったの？」と言われることもあった。あるいは報道でインドネシアからの独立に向けた経緯を知っている人からは、「あの紛争で治安の悪い国でしょ？」とも言われた。それでも鈴木は粘った。メールや電話で埒が明かない場合は、直接出かけて行って協力を要請した。

　結果、何とか機械、土木、電気・電子工学の分野で、一緒に東ティモールに出張してカリキュラムの策定作業などの助言をもらえる教員を見つけることができた。

　また、現地で協力活動の総合調整をする事業マネジメントの専門家も必要だったが、こちらもなかなか適任者が見つからない。工学系の現役大学教員でなくても、工学教育のことが分かる人材が必要だった。鈴木は同じく適任者を探した。時には外国に駐在する日本人にも国際電話をかけて参画を呼び掛けた。

計108単位のカリキュラムを策定

　2001年7月、工学部3学科のカリキュラム策定と優先的に導入する必要がある実習機材の選定を行うために、鈴木と3つの分野の専門家は現地に飛んだ。

　東ティモールでは、日本の大学や高専のカリキュラムを参考にして、工学部教官と相談しながら機械、土木、電気・電子工学科の3年制カリキュラムを作成した。年間を2学期制にし、各学年の学生定員50名を25名ずつ

の2クラスに分けて、同じ授業を2回行うことにした。カリキュラムは語学、数学、物理などの一般科目36単位と、各学科の基礎専門科目、専門科目、実習科目の72単位を合わせた合計108単位、すべての科目を必修とした。

　工学部が設立された2000年11月、ヘラ・キャンパスの教室、実験室、機材は焼き討ちによって使用できなくなっており、メインキャンパスでの授業は座学のみであった。実習教材の不足のため、新カリキュラムの実習の単位数は座学の1/3程度で、実習を座学で補完せざるを得なかった。東ティモールでは実験の装置や器具などを購入することができなかったため、外国からの支援に頼っていた。メインキャンパスには教育学部の理科系学科があったので、実習科目の実施状況を調べたところ、実験装置や器具はないか、あるいは大幅に不足し、実験室がない分野もあった。このような状況における実習の授業は、写真やビデオで説明する以外に方法はなく、実習が原理や理論の理解を深める役割は著しく乏しくなっていた。

　こうして工学部のカリキュラムは策定されたが、この段階でシラバスは作成されていない。シラバスができたのは何年か後であるが、他大学のシラバスを模倣したものが多く、中には教官が学生に教えられない内容も含まれ

JICAが派遣した調査団員と東ティモール大学関係者（左端が鈴木）

ていた。さらに、教官が理解できない内容は教えることを省略したり、学生からの質問を受け付けない教官もいた。当時の教官は独立運動や内紛などのためにまともな教育を受けていないので、止むを得ないことでもあった。

　鈴木と専門家からなるカリキュラム策定の調査団は、今後教官の高位学位の取得が必至であると考え、日本の大学の修士課程に留学させるために、優秀と思える教官3名の人選を行い、日本への派遣を決めた。東ティモール大学工学部支援事業における日本留学第1期生といえる。なお、3名の教官は、その後いずれも修士号を取得し、帰国後、東ティモール政府や大学のために貢献している。

ジャカルタに残っていた設計図面

　1999年の東ティモール独立投票での独立派勝利に伴って、インドネシア軍と反独立派による焼き討ち、破壊、暴力行為が激化して、当時ヘラのポリテク・ディリも焼き討ちに遭った。管理棟、講義棟、機械、土木、電気・電子工学の実験棟、図書館、食堂、学生寮、教員宿舎などのすべての建物、および設備、実験装置と器具、教育設備と什器なども焼き討ちによって破壊された。機械工学科の大型重量実験装置は全体を破壊できないので、巧妙にその心臓部を破壊するなど機械に精通した者の犯行と思われた。破壊された建物はそのまま使うことができない状態であった。焼き討ちが発生した時にキャンパス内にいた教官と学生は近くの山に逃げ込んだそうである。

　ポリテク・ディリの設備・機材はほとんど破壊されたが、ポリテク・ディリは工学分野の教育基盤があることから、工学部をヘラ・キャンパスに設置することを決めた。破壊された建物を新たに建て替えるには多くの費用と時間が必要になることから、日本の支援によって建物を修復（リハビリ）することにしたが、すべての建物を対象にできない。2001年に現地調査をした鈴木らの調査団は、修復対象建物の床や基礎の強さを把握するために

シュミットハンマー（岩盤やコンクリートの堅さを現場で測る測定器）で調べた。その結果、建物の破壊は床面よりも上部であり、建物の基礎の破壊はほとんどないことが判明した。

　現地にある設備や機材の状況は、現地で見れば大方理解できたが、建物の大規模な改修のためには建物の設計図が必要である。が、様々な建物が焼き討ちに遭い、書類は何も残っていない。設備の設計図もしかりであった。設計図がないことには、建物の大規模改修計画を立てるのは困難である。このポリテク・ディリの建物は10年ほど前に、インドネシア政府により建設されていた。その設計図面が残っているだろうか。大きな壁にぶち当たった。が、一か八かであった。インドネシア・ジャカルタにあるJICA事務所から、教育省や関係業者にあたってもらった。もう何年も前の事業。しかもインドネシアにとっては遠い僻地の学校の設計図である。

　鈴木をはじめ関係者があきらめかけていたところに、朗報が飛び込んできた。ジャカルタにある建設会社に設計図が残っているとのことであった。これで東ティモール大学工学部への緊急支援が続けられる。安堵した鈴木の手元に届いた設計図は極めてシンプルなものであった。「学校の建物がこんなにシンプルな設計図で建てられていたとは…」。驚きを隠せなかった。が、シンプルとはいえ、設計図が入手できたことは大きな手助けとなった。

　ヘラ・キャンパスのほとんどが旧河川敷のために地盤は良好で、3階建ての建物ならば直接基礎（ベタ基礎）で十分に建物や機材などの重量に耐えられることが判明した。

緊急無償資金協力により修復

　現地調査とその後得られた情報により建物と設備の修復の可否を決め、新カリキュラムで授業が実施できるようにすることを考慮して修復の優先度を決めた。緊急無償資金協力によって実際に修復した建物は、管理棟・講義室、機械工学科と土木工学科の実験棟、食堂のみであり、教

　官室は実験棟の部屋を使用した。電気・電子工学科の実験室と教官室は、機械工学科の実験棟に間借りをした。

　関連する電気設備、給排水設備なども修復されたが、もともと通信設備

焼き討ち後の講義棟

緊急改修後の管理棟

講義室（焼き討ち直後（左）と緊急改修後（右））

機械工学科の実験棟（焼き討ち直後（左）と緊急改修後（右））

がなかったので、新たに整備されなかった。工学部の授業開始に間に合わせるために修復の工事期間は約1年で、2002年末には修復を終え、教官と学生は順次ヘラ・キャンパスに移転したが、本格的に授業がヘラで開始されたのは2003年10月からである。事務室、図書室、パソコン室、教官室にはクーラーが設置され、クーラーに慣れていない教官が風邪をひくことが多かったというのは今となっては笑い話である。

　ポリテク・ディリの3学科には教育用の実習機材が数多くあったが、そのほとんどがヨーロッパやインドネシア製であった。これらの機材の修理の可能性を検討した結果、ほとんどの機材が修理不能で廃棄処分することになった。そのために緊急無償資金協力で供与するための機材をリストアップした。しかしながら、新カリキュラムが策定されたものの、シラバスが作成されていないうえに、機械工学科と電気・電子工学科の実習の科目名は実習I、II、III…で内容が特定できないので、日本の大学や高専の例を参考に教官と相談しながらパソコン、視聴覚機器、什器類も含めて選定した。選定した機材によって、工学部として本格的な授業ができるようになり始めたが、教官の能力と経験不足のために機材を有効活用できるようになるまでに歳月が必要であった。

東ティモール人教官への指導始まる

　緊急無償資金協力によってヘラ・キャンパスの修復と実習機材などが納入され、機材の使い方とデータの整理および関連する基礎知識の指導が必要になった。この指導は日本人専門家が担った。

　2003年3月、東ティモール大学の学長とイナシオ工学部長が来日し、東ティモール大学工学部の体制整備を支援する長岡技術科学大学、埼玉大学、岐阜大学を訪問し、各大学に支援を要請して回った。後ほど紹介するイナシオ氏は初代工学部長として、工学部立ち上げ初期にJICA専門家と共に活動に積極的に取り組んだ人物の1人である。

　ちょうどその頃、風間は埼玉大学で修士課程の留学生向けに特別講義（地盤工学）を担当していた。1人の留学生が試験で工学の基礎知識である「国際単位系（SI）」が分からないので不合格にした。ところが東ティモール大学長らとの懇談会に出席したところ、なんと不合格にしたその留学生がそこにいるではないか。そこで初めて彼が東ティモール大学工学部

土木工学科教官を実験指導している日本人専門家

電気・電子工学科の実習を視察する吉田（右から2人目）

の教官であることを知って驚くと共に、工学部で優秀といわれた教官の学力レベルの低さを痛感した。翌年、彼はその科目を再履修して辛うじて合格し、指導教員の尽力によって修士の学位も取得して帰国した。

最初の工学部教官に対する指導は2003〜2005年であり、本邦支援大学から夏休みと春休みにそれぞれ2名ずつの日本人の先生が東ティモールに派遣され、数学、物理、基礎工学などの基礎科目を英語で教官を指導した。指導は学科ごとに全教官を対象にし、教官は専門分野や担当科目にかかわらず出席した。工学部として初めての教官指導ということもあって、副業に専念している教官を除いてほぼ全員が出席して真剣に聴講し、熱心にノートを取るなど、最初はその熱意に圧倒されそうになったこともある。

教官を指導するには、教官の基礎学力や専門知識のレベルを把握してそれに応じた方法で指導しなければならない。原理や理論の指導は当然座学になり、その内容が理解できたか否かを知るには、それを使った演習問題を解かせて教官の理解度を確認した。

基礎科目の指導を行ってみて支援大学から派遣された先生方の意見をまとめると、工学部教官の多くは理数科の基礎学力や専門基礎知識が予想以上に劣っていることが分かった。また、彼らが学んだ知識は断片的なことが多く、暗記に頼っているので個々の内容の理解程度が低い。この理由は体系的に学んでいないことに起因しているためである。

教官に「〇〇〇を知っているか？」と聞くと、彼らは「知っている」と答えることが多いが、彼らの「知っている」の意味は、「その言葉を聞いたことがある」から「その内容を十分に理解し応用できる」まで極めて広範囲の意味に捉えている。また、教官に「明日までにこれをまとめて提出しなさい」と言うと、彼らは「OK、OK」と言うが、翌日いくら待っても提出に来ない。彼らは英語の「Tomorrow」は翌日でなく、来週、あるいは近い未来の意味と思っていることが分かった。それ以降、締切日や約束は日

時で示すことにした。言葉や単語も国が変わると意味やニュアンスが異なることを痛感させられた。

　ともあれ、3年間の教官指導の効果は決して大きいといえないが、手応えがあったことは事実である。

第3章

苦労する東ティモール人教官の育成

　東ティモール大学工学部の教育能力向上のためには、東ティモール人教官の能力向上が不可欠である。プロジェクトに参画する本邦支援大学の教員たちは、日本での多忙な時間を割いて、JICA専門家として現地に渡航し、その能力向上のための指導を行った。

　しかしながらそこに待ち受けていたのは苦労の連続であった。教官への指導も一筋縄ではいかない。東ティモールの現場において、多くの現実に直面する。「何のために忙しい時間を割いて協力しているのだろう」。そうした厳しい現実の中で試行錯誤を繰り返しながら、東ティモールの発展のための人づくりに奔走する日本人専門家。

　本章ではそうした厳しい現実とそれを乗り越えようとする関係者の取り組みを紹介する。

1. 劣悪な教育環境との闘い

キャンパスに教官がいない

　2010年頃まで、勤務時間であるはずの朝から夕方までヘラ・キャンパスにいる教官は非常に少なく、授業や学部・学科の業務がある時にキャンパスにいる程度であった。これらの業務がなければ出勤しない教官がほとんどであった。当時は服務規程がなく、勤務時間の決まりがあったとしても無視されていたようである。大学教官に課せられた使命は教育、研究、社会貢献である。教育はどうにか行っているものの、このような勤務状況では研究と社会貢献を行うことができないことはいうまでもない。しかも、卒業研究の指導を行っているが、研究レベルは授業の学生実験の延長のレベルに過ぎない。工学部以外の他学部教官の勤務状態もほぼ同様であった。

　当時、国民1人当たりの所得が350ドル程度という状況のなか、工学部教官の月給は学歴によって230〜280ドルと安く、副業で稼がないと家族を養うことができない状況にあった。このように副業で収入を得ることは途上国でよくあることである。工学部教官の副業先は、私立大学の非常勤講

師、政府機関、国連関係、NGO、建設会社、コンサルタントなどである。中には省庁のアドバイザーとしての勤務に専念している教官もいた。特に機械工学科と土木工学科の教官には副業先が多くあるため、多くの教官が大なり小なり副業を行っていた。ただし、電気・電子工学科の教官は副業先が少なかった。

　学期末に、ある学科の3年生が、大勢でプロジェクト事務室の風間のところにやって来て懇願した。「○○の科目は授業がほとんど行われていないし、期末試験も行っていない。この科目の単位を修得しなければ卒業できないため、学科長に申し入れたが対応が遅いので何とかして欲しい」と。この科目の担当教官は省庁のアドバイザー業務に専念していた。この件はプロジェクトに直接関係ないが、学科長と学部長に速やかな対応を要請したところ、集中講義と試験が行われて、どうにか学生の卒業に間に合った。

　ある日の朝、ヘラ・キャンパスに行くと、いつもと違った光景に遭遇した。いつもは多くの学生が登校し、教官の姿も何人も見ることができたが、その日、学生は数名、教官は1〜2名のみであった。学生と教官に理由を聞いたところ「昨夜、首相令で今日を国民の祝日にする」という通達があったとのことである。その理由は祝日にするほどのことでないと思われたが、昨夜の通達が多くの学生と教官に伝わる速さには驚くばかりであった。このように東ティモールでは、首相や大臣から急な通達で祝日や休校になることがある。突然の休校により、多忙な中本邦支援大学から短期間派遣された専門家は、予定の指導ができなくなり、貴重な時間を無駄にしてしまい、支援活動に大きく影響することもあった。

誰のために…、嘆く日本人専門家たち

　日本の大学教員は、授業、学生の研究指導、教員自身の研究、学部・学科等の運営とその雑務など多忙である。そのうえ、2004年の国立大学法人法の施行に伴って、国立大学には研究成果の増進や外部資金獲得など

が要求され、外部には想像できないほど雑務が増えて多忙を極めている。

　本邦支援大学から東ティモール大学工学部教官の指導のために派遣されるJICA専門家は、ほぼ現役の大学教員であり、前述のような本務を持っている。そのため、短いと数日、長くても30日程度の派遣が限界である。現地で活動中にもかかわらず、多くの専門家は日本の学生の研究指導や本務の事務的な対応を、夜間や休日にインターネットなどで行っている。

　派遣された多くの専門家の話によれば、可能な限り効率的に教える努力をしているにもかかわらず、教官の学力不足などのために予定の半分程度しか教えることができないばかりか、前回の派遣時に教えたことを忘れている教官が多いとのことであった。

　日本人専門家の現地での指導時間は限られるので、現地での活動を終えて日本に帰国する際に、教えたことの復習、機材の操作マニュアルの作成、理解を深めるための演習問題などを宿題に出すことが多い。教わったことの復習はその内容の理解を一層深め、自分自身の知識にするために不可欠である。しかしながら、これらの宿題をほとんどの教官が行っていない。

　支援大学の専門家は、帰国後に宿題の進捗状況の確認や疑問点への助言、さらに次回の指導内容の事前相談などのために、工学部教官にメールなどで問い合わせている。が、ほとんどの場合、梨のつぶての一方通行である。特に第1プロジェクトを実施していた2000年代後半の時期はひどかった。当時のヘラ・キャンパスは確かに停電が多く、通信環境が悪かったことも事実である。現地に駐在する風間は、日本にいる専門家の方々から「教官に送ったメールの返事がないので、対応するように教官に伝えて欲しい」との依頼を受けることが度々あった。そこで、当の教官に伝えると「パソコンが壊れた」、「インターネットの接続ができない」、「デング熱に感染していた」、「近親者の病気や死亡」など、半ば怪しげな回答が多かった。この中にはもっともな理由もあると思われるが、実際は副業で忙

しいのか、英語のコミュニケーションが億劫なのか、自分自身の能力向上への意志が弱いのか、はたまた専門家の指導を受けるインセンティブが低いのか、いずれにせよ教官自身の関心と努力の低さを物語っていると思われた。

　第2プロジェクトになると、電力供給事情と通信環境が徐々に改善されて、専門家からのメールなど問い合わせに対して、遅れはあるものの一部の教官は対応するようになった。とはいえ、多くの教官は相変わらず無反応なことが多く、専門家から教わった専門知識や機材の操作方法などの復習もほとんど行われなかった。専門家はいろいろ工夫して教官指導しているものの、それが有効に活用されていないことが多いので、「誰のために教えているのか？」と嘆く専門家もいた。

教室に収容できない学生、机も椅子も足りない

　2001年7月、JICAチームは3年制の3学科のカリキュラムを作成し、各学科の学生定員50名を25名の2クラスに分け、同じ授業を2回行うことを東ティモール大学に提案した。これは管理棟1階の教室の収容学生数が25〜30名であることによる。

　2007年まで工学部が独自に入学試験を行って入学者を決めていたが、それでも1学年の入学生が定員の50名を超ることが度々であった。さらに再履修の学生や学費稼ぎで休んでいた学生の復学などが原因で、1クラスの学生が40名、50名になることも珍しくなかった。教室に入りきれない学生は廊下で立って聴講したり、外で遊んだり、授業を休む学生もいる。教室の収容人数を少しでも確保するため、折りたたみ式の椅子と小さいテーブルが一体になったものを、木製の3〜4名掛けの長い机と椅子に替えた。これによって収容人数が数名程度増えたものの、焼け石に水である。

　さらに2008年から教育省が入学試験と合格者の決定を行うことになり、各学科の入学者数が18〜150名と、その変動が極めて激しくなった（図

図表3　学科別入学学生数の推移

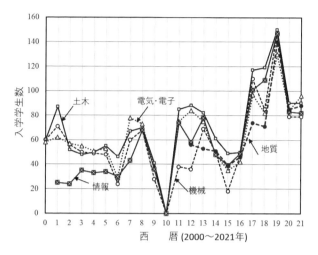

表3学科別入学学生数の推移参照）。

　管理棟の教室では1クラスの学生を到底収容できないので、各学科の実験室の一部を仕切って長机・椅子、ホワイトボードなどを導入して教室にした。これによって教室の学生収容人数は増えたが、1クラスの学生が数十名を超えることもあり、相変わらず立って授業を聴講する学生や、場合によっては立ったままキャビネットを机代わりに試験を受ける学生もいた。さらに、広い実験室を間仕切りも設けないまま複数の授業で使用し、周りの授業の声や実験の音が聞こえるなど、教育環境は決して良いとはいえなかった。

　ディリのメインキャンパスにあった情報工学科が、2012年のポルトガルの支援終了に伴いヘラ・キャンパスに移転。さらに同年の地質・石油学科の創設に伴い、教室不足は一層深刻な状況になった。このような状況下で、教官は教育方法を工夫し、お互いに融通し合って、教育の質の低下

を最低限に抑える努力を続けた。このような教室と学生数の問題の解消は
2019年に新校舎の教室が使えるようになるまで待たなければならなかった。

　2006年からの第1プロジェクトの段階では、講義ノートに基づいて授業を
行っている教官は少なく、多くは教官自身が学生時代に使った教科書や参
考書などを用いて黒板に板書する授業であった。一方、学生は教科書は

定員30名教室の授業風景

実験室を仕切った教室の授業風景

もちろんのこと、学習用のノートさえ持たず、計算用紙やレポート用紙にメモ書きする程度で、授業内容を理解できるとは思えなかった。この当時、学生の質問を受け付けない、あるいは質問をすると怒り出す教官もいたようである。

　2011年からの第2プロジェクト、2016年からの第3プロジェクトになるにつれて、教官と学生の状況に年々変化が見られるようになった。教官は工学部所有のデスクトップのパソコンから、個人のノートパソコンを使って講義

座席不足で後方で立って授業を受ける学生（写真奥）

キャビネットを机代わりにして試験を受ける学生（写真奥）

ノートや配布資料を作成するようになり、講義のノートの内容やレベルは必ずしも適切とはいえないものの、最近ではすべての教官がほぼ講義ノートやパワーポイントを使った授業を行うようになった。学生も学習用ノートやルーズリーフにノートをとるようになり、次第に大学生らしい受講に移行しつつある。

教育の質を低下させる不可解な入学試験制度

工学部の創設以来、工学部の入学試験は工学部が独自に行い、試験問題は工学部の一部教官が作成して採点も行っていた。ある時、風間は数学の試験問題を見る機会があり、五者択一問題で該当する答えがないことに気づき驚いた。また、入学試験に相応しくない問題もあった。五者択一形式の試験で20点以下の学生が入学していることもあり、入学試験方法の改善が必要だと思った。

ところが2008年、大学入試制度が突如として大学から教育省の管轄になり、入学試験も合格者の決定も教育省が行うことになった。これによって、教官の負担が減ったものの、皮肉にもいろいろな問題が生じた。教育省が行う入学試験は、高校卒業試験（全科目とも四者択一の試験問題）と高校の成績によって合否が決まり、入学する学科は本人の希望を考慮しつつも、教育省が決めることになった。これらの決定プロセスは非公開である。

各学科の入学者数の推移は、前出の図表3のとおりである。2010年に入学生が0なのは、6月開始の年度を翌年の1月開始に変更したため。当初各学科の学生定員は50名であったが、年により学科別の入学者は最大140名を超えるなど大幅に増加したり、20名を下回ったりと変動が激しい。この変動は東ティモールの地域性を考慮したとか、東ティモール独立に貢献した者の子弟を優先させたとの噂もある。どこの国の親も子弟を最高学府に入学させたいと思う気持ちは理解できる。しかしながら、入学する学生数の激しい変動と合格者決定プロセスの不透明性には、教官はも

ちろんJICA専門家も疑問を抱かざるを得なかった。工学部の教官に聞くと、2008年以降は学力レベルの相当異なる学生が入学しているとのことであった。

　このように大幅な学生増は、提供される教育の質の低下を招いたことはいうまでもない。ただそうした中にあって、工学部の教官は大幅な学生増に対して不満を抱きつつも、本邦支援大学からの専門家の協力を得ながら、教育の質の低下を最小限にするように努力しており、頑張っている姿には感心させられた。

教官の基礎学力が怪しい

　ポルトガルはキリスト教の布教に熱心であったが、東ティモール人の教育にはほとんど力を入れなかった。また、インドネシアの統治下の独立混乱期には、基礎学力を有していない教員によって教育が行われていた。現在の工学部教官約70名は1960年代から1980年代前半に生まれているため、混乱期に初等・中等教育を受けている。彼らは一部のミッション系の学校を除いて正常な教育を受けていないために、基礎学力の習得に不安があることは当然予想できた。

　ある時、ある専門家が教官に基礎科目の指導をしていた際、分数の計算に興味深いというか、がっかりすることがあったので紹介する。演習問題の答えが「1/2+1/3」の足し算になる答えに対して、ある教官は「1/2+1/3=2/5」になった。ところが、彼とだいぶ離れた席に座っていた教官が全く同じ答えであった。2人の教官にどうしてそういう計算結果になるのか尋ねたところ、2人とも「小学校で分母と分子を別々に足し算すると教わった」との回答。驚くと共に、分数の計算方法ところか、分数の意味を全く理解できていないことにショックを受けた。もちろん、教官の中には基礎数学から微分・積分も理解している教官も一部にいるが、彼らは優越感を保つためか、レベルの低い教官に教えようとしない。

教育省のある局長は、「東ティモールの初等・中等教育の理数科教育が極めて不十分であり、まず教員の理数科の能力を大幅にレベルアップさせる必要がある。そうしてもまともな教育ができるのは10 ～ 20年先になる」と述べていた。教育問題の改善は根の深いことが多いので、当然短期間に改善できるものでなく、その対応施策と粘り強い指導が必要といえる。

シニア教官のプライド

途上国支援でよく直面する問題の1つに、長年その組織の仕事の方法や自分流で仕事をしてきたシニア教職員が変化を嫌い、JICA事業に非協力的であったり抵抗することがある。これはJICA事業に参画・協力しても、途上国政府やJICAから給料が追加支給されるなどのインセンティブがないことによることが多い。JICAは、開発協力事業の担い手はあくまでも途上国側であるとの立場に立ち、途上国のオーナーシップと事業持続性の観点から途上国関係者の給料も追加の手当も支給しない。

抵抗を示すだけならともかく、時として若手教職員がJICA事業に参画することを邪魔することもある。

東ティモールの国民は、他の国に比べて年輩者を敬う傾向が強い。例えば、立食パーティーで年輩者が飲み物や食べ物を取らない限り若い人は決して取らないことや、年輩者の前を横切ることや行動の妨げになることはしない。

東ティモール大学は唯一の国立大学であり、最高学府であるので、教職員はもちろん学生までが一般市民から尊敬されている。そのために年齢を問わず教職員のプライドは非常に高い。とりわけシニア教官のプライドは高く、何かが壊れたり、不都合な点があっても、「若手教職員が何とかするだろう」という態度を取ることが多い。

機械工学科と土木工学科の教官の約6割は50歳以上である。機械工学科と土木工学科のシニア教官は若手教官よりも寡黙な教官が多いが、

発言に重みがありプライドも高い。若手教官がシニア教官のかつての教え子であることもあって、若手教官は学科会議ではほとんど発言しない、あるいは、できないようである。またシニア教官とは日常会話もほとんど交わしたことのない若手もいる。シニア教官の暗黙の圧力は、学部・学科運営に影響することは間違いない。もし、若手教官がシニア教官に抵抗した場合、将来はもちろん、現在の地位も怪しくなることは火を見るより明らかである。

　工学部のある教官が、授業でガブリエル工学部長の学部運営について批判したところ、工学部長は授業時間に割り込んでその教官の退職を迫ったことがあった。学部長の批判や権威を無視した時の怒りは大きいといえる。また、本邦支援大学の専門家から、論文発表など研究業績がほとんどないとの指摘を受けたシニア教官は、研究業績と見なし得ないような活動実績を数多く示して猛反撃した例もある。

　プロジェクトでは本邦支援大学の教員が教官個人、あるいは教官のグループの研究指導を行っている。支援大学の教員から「大学教官として当然理解できる内容であり、理解できなければ大学教官の資質がない」、「この内容が理解できなければ、この研究を続ける意義がない」などと、批判めいたことをシニア教官に言うと、教官は怒りを露わにして犬猿の間柄になった例は複数ある。風間らがいくらなだめても教官は頑として聞く耳をもたなかった。

　このように年功序列の社会であるばかりでなく、慣例や暗黙のルールが優先される文化でもある。東ティモールに限らず、海外ではその国の実情を十分に理解して活動することが肝要である。「月夜の晩」ばかりでないこともあるので注意が必要である。

2. 厳しい現実の中でも光明を見出したが…

優秀な若者の発掘と育成

　多くの問題を抱えながらも、東ティモール大学工学部の発展を願い、優秀な若者を発掘して育てることに重点を置いたのが大芝敏明であった。

　大芝は、2001年、JICA職員の鈴木が支援事業を開始するにあたり各所に人材を求めた時、フランスに住んでいた。1980年代後半からの10年間、電気・電子工学分野のJICA専門家として、ケニアのジョモ・ケニヤッタ農工大、アルジェリアのオラン科学技術大学、チュニジアのチュニス工科大学に勤務した後だった。ある時、突然、鈴木からメールが届いた。「東ティモール大学工学部への支援に協力して欲しい」と。大芝には、アフリカでの長期にわたる勤務経験はあったが、日本以外のアジアに滞在したことはない。いきなりの「東ティモール」に驚きはあったものの、その後、頻繁に国際電話をかけてくる鈴木の熱意を意気に感じて、東ティモール入りすることになった。鈴木の粘り勝ちである。

　大芝が初めて東ティモールの土を踏んだのは2001年7月。カリキュラムの作成や供与する機材の優先順位付けの調査のため、鈴木や工学分野の専門家と共に現地に入った。破壊され放火された建物の残骸に違和感を覚えたものの、「どこかアフリカと似ている」というのが最初の印象であった。

　以来、何度かの短期訪問を含め、治安が悪化し緊急避難する2006年5月までの間、現地に駐在した。

　大芝が最も情熱を注いだのが、東ティモール大学工学部内に優秀な人材を確保することであった。活動を開始した直後から、日本人専門家の間では、東ティモール人教官の人数が絶対的に足りておらず、基礎学力が低いことが共通認識となっていた。基礎学力とは英語と数学で、特に数学の能力の低さは工学部の教官として致命的であった。そこで、活動に参画している日本人専門家それぞれが、専門分野の指導と併わせて基礎学力向上に向けた指導を行った。大芝は、まず教官たちが高校レベルの数学

を理解することを目標とした。そして、彼らがインドネシア語に堪能であることに着目して、インドネシアの高校の教科書を購入。この教科書の内容を教官自身が理解すると共に、この内容をもとに教官自身が東ティモール人学生を指導できるように工夫した。希望する教官全員に対し、底上げを意図して低いレベルから授業を開始したが、半数の教官は数学が全くできず、テストに解答できない教官も多かった。

　また、教官の人数が圧倒的に不足している点については、イナシオ工学部長の了解を得て、工学部の新規学部卒業生の中から優秀な者をアシスタントの肩書で採用することにした。英語と数学の採用試験問題は大芝自らが作成して試験を実施。結局、10名以上の者を採用して、学生を指導する人員体制を強化した。

　こうして採用したアシスタントも加わり、数学の基礎に関する教官向けの授業を継続したが、次第にシニア教官が出席しなくなった。自分達が教えた元学生と一緒に授業を受けるのは心地よくなかったようだ。他方、アシスタントは新卒でアシスタントという立場にあることから授業を受けることも業務と認識したのか、全員欠席なく熱心に勉強して良い成績を収めた。大芝以外の専門家の指導に対しても、多くのシニア教官より理解度の高さを示した。

　さらには、優秀な教官を日本の大学の修士課程に留学させ、さらに能力を高めることにした。誰を留学させるか。当然のことながら、日本の大学の修士課程に入学するには入学試験に合格しなければならない。まずは学内で候補者を決定するにあたり、授業を通して各教官との接点のなかで学力を評価すると共に、数学の授業への対応状況を参考にした。ここでも、半数以上の教官の学力は非常に低く、留学は困難と判断せざるを得なかったのに対し、アシスタントは可能性を感じさせた。東ティモール大学での3年間の高等教育しか受けておらず、職務経験も少ないため候補者の条件は満たしていなかったが、将来の工学部の発展を担い得る優秀な人

材を見出すことができた。現地の「年功序列ルール」を無視した形になったが、それでも大芝は優秀な人材の選抜と育成にこだわり、卒業生の採用を継続しようとした。東ティモールの将来を見据えた時、若者を育てることが重要と確信していたからである。

初代工学部長イナシオ氏の理解

現地ルールを逸脱しつつも若い優秀な人材の育成に取り組む大芝には、心強い理解者がいた。工学部長のイナシオ氏である。

イナシオ氏は、東ティモール大学工学部が発足した際に任命された初代工学部長であった。彼自身は、東ティモールでは工業高等専門学校のポリテク卒業が最終学歴で、その後スイスに留学したが、修学したコースが機械修理分野で、アカデミックな高位学位を取得していなかった。それでも工学部長として、新たに発足した工学部を日本の支援により発展させようという強い決意を持っていた。

教育省が当時、基礎教育の充実を優先し日本からの援助もここに集中させようとしていたが、イナシオ氏はそこに割って入って大芝と共に、工学系高等教育の重要性を教育大臣に訴えた。教育大臣から「高等教育の重要性は理解しているが、今は基礎教育が優先だ」と告げられると、今度はアルカテリ首相に直談判。工学部長が協議のアポイントメントを取り、大芝は東ティモール政府が普及に努めている公用語のポルトガル語を用いて工学部支援の現状と重要性を説明し、理解を得ることができた。その後、首相が日本を訪問した際、日本政府側に東ティモール大学工学部支援の強化を要望している。イナシオ工学部長は何かと政治家に人脈を持つ人であり、その後、自身も運輸通信省の副大臣を務めている。

彼は、工学部内でも調整と取りまとめ能力に長けていて、教官の数学能力が低いために重点的対応が必要であることを理解し、大芝のやり方を支持した。能力が必ずしも高くないシニア教官ではなく、臨時採用扱いの若く

キャンパス内で語り合う大芝氏（左）とイナシオ氏　　　　　　　（大芝氏提供）

優秀なアシスタントを日本に留学させる方針にも全面的に賛成してくれた。自分の教え子世代の若者が自分の学歴よりも上になって戻ってくるにもかかわらず、若い優秀な者を育成して工学部のレベルアップを図ろうとしていたのである。

　高等教育局長もまた大芝に信頼を寄せていた。ときおり大芝に対して、「大芝さんの判断には絶対的な信頼をおいているので、東ティモール大学工学部の中で能力の低い教官を判定して欲しい」との要望を出していた。さすがに、この要望に応えるわけにはいかなかったが…。

治安悪化で活動中断

　2006年4月に最初の技術協力プロジェクト（第1プロジェクト）を開始したが、直後に、西部出身兵士が待遇改善と差別の撤廃を要求してストライキを実施。政府はストライキ参加者を全員解雇した。5月にこれを不服とするストライキ参加者と国軍との戦闘が始まり、国内は騒乱状態になり治安が急激に悪化した。これに伴い日本人の専門家は緊急帰国した。この騒乱によって現地では15万人以上が国内避難したといわれており、その多くは

ディリ市内のテントの避難民キャンプに退避した。

当時、現地に滞在していたJICA専門家によると、ときおり銃弾が激しく飛び交う音がホテルの部屋まで聞こえ、さながら戦場のようだったそうである。その専門家が帰国する際にディリ空港で受けたインタビューが日本のテレビに放映され、やっと紛争から逃れて帰国できる喜びを語っていたのが印象的であった。

治安状況を見極めながら、JICAはプロジェクト再開のため、2006年11月、2007年3月、8月に、JICA本部から現地事情を確認する調査団を派遣した。結果、中断期間を踏まえてプロジェクト期間を2010年3月まで延長することとし、2007年8月からプロジェクトを再開した。

プロジェクトからの離脱

2006年11月、現地の治安状況を確かめたうえでプロジェクト再開を図るため、大芝は現地調査団に参加した。半年ぶりの東ティモールだ。ようやくプロジェクトとしての活動を開始できるとワクワクして現地に飛んだ。

が、現地の事情は一変していた。治安悪化前は工学部長として大芝のやり方を支持してくれたイナシオ工学部長は政府要人となり、もはや工学部長の職にいなかった。また「大芝さんの判断は絶対的に信頼している」とまで言ってくれた高等教育局長も、どこかの国の東ティモール大使として赴任していた。

そして、プロジェクトの再開を協議する会議において、ガブリエル工学部長から「今後、日本への留学と短期研修は年功序列で対象者を決める。これまでのような年功序列を無視したやり方はしない」との宣言がなされた。そこには、臨時雇用扱いの若いアシスタントの姿は全くなく、留学候補者となったシニア教官はすでに日本へ出発していなかった。

日本に帰国後、大芝はプロジェクト再開のための資料、プロジェクトの引継書等を作成した。そして12月末、JICAでの業務を終えた。その時点で

は東ティモールの治安情勢はプロジェクト再開が可能な状況に至っていな
かったが、将来再開となった場合も大芝は参加しないことを理解していた。
イナシオ工学部長の後任の工学部長が率いる新体制との間で信頼関係
が損なわれていて、このまま東ティモールに派遣されても、プロジェクト活動
再開に支障をきたすことが予想されたためである。

　JICAが途上国の関係者と人を通じて協力活動を実施し、成果を出す
ためには、人と人の信頼関係構築が最も重要なポイントとなる。ただ、東
ティモール大学工学部の長期的発展のために、それを信じて汗をかいてき
た大芝にとっては、なんともやりきれない悔しい思いのこみ上げる年の瀬と
なった。

3. 基礎学力、教育・研究能力の向上

まずは基礎学力の向上が必要だ

　2006年に開始した第1プロジェクトの目標は、「工学部教官の基礎的な
指導能力が実践活動によって向上する」であった。教官の指導能力を向
上させるためには、まず教官自身が英語、数学、物理、基礎工学の基礎
科目の学力を身につけ、さらに実務を通じて能力を向上させる必要があ
る。プロジェクトの事業枠組みを整理したPDMには、活動成果の指標とし
て「70％以上の教官が高校レベルの英語、数学、物理、基礎工学を理
解できる」こと、また「50％以上の教官が大学レベルの英語、数学、物
理、基礎工学を理解できる」ことと設定した。プロジェクト活動の遂行に際
しては、これらの指標を満たすように教官に基礎科目を指導する必要が
あった。

　2007〜2010年、本邦支援大学からの専門家は、各学科の教官を対
象に、一斉授業の形式で基礎科目の指導を行った。また、現地に長期駐
在するプロジェクトの管理運営を担う日本人専門家も英語、数学、力学、
プログラミング、電磁気学などを教官に指導した。これらの指導によって教

官の基礎学力は向上したといえる。

　2008年5月、東ティモール大学はインドネシアのスラバヤ工科大学と大学間学術交流協定を締結した。交流事業の1つとして、2010年までに計16名ものスラバヤ工科大学教官が東ティモールを訪れ、専門科目と基礎科目の指導をした。インドネシア語による指導のため、英語が苦手な教官やシニア教官も積極的に出席するなど、支援効果は大きかったようである。

本邦支援大学教員が研究を支援

　2011年に開始した第2プロジェクトは、東ティモール大学教官の教育能力に加えて、研究能力と管理運営能力の向上が対象になった。大学および大学教官の使命は、教育、研究、社会貢献であり、特に工学分野は実社会と密接な関係にあるので、研究成果が社会に還元されることが期待されている。

　教官の研究活動を促進するために、教官から単年度計画の研究プロポーザルを募集し、そのプロポーザルとプレゼンテーションを本邦支援大学で審査して、採択の可否とその研究を指導する日本人指導教員を決めた。採択されたテーマでも、指導教員からの指導によって大幅に修正したプロポーザルもあった。プロポーザルの応募の様式は、研究者名、研究テーマ、目的、研究方法、必要費用などいたって簡単なものであったが、驚いたことに何をどのように書いてよいかが分からない教官が多かった。

　修士号を持っていない教官は、これまで研究を行ったことも研究プロポーザルを作成したことさえない者が多く、手取り足取り教えたこともあった。各学科のプロポーザルの応募は毎年数件あり、このうち2〜4件を採択した。採択された研究テーマの教官は、本邦支援大学教員の研究指導を受けたり、教官自身が支援大学に派遣されて研究指導を受けることができた。研究の指導にあたっては、研究内容の再検討が必要であったり、機材の要求が多かったりして指導に手間取ることもあった。また、研究

に必要な機材の購入費用や東ティモール国内の旅費は、査定のうえJICAが負担した。研究した成果は、簡単な報告書にまとめて提出すると共に、学内セミナーなどで成果の発表を義務づけた。

教官の研究能力向上の最終段階は論文にまとめて公表することにある。そのレベルは、セミナーなどの口頭発表会、軽微な査読付

本邦支援大学における河川調査研修

きの国内学術ジャーナルでの掲載、全文査読付きの国際会議での発表、国際学会の論文集での掲載の順に高くなる。すでに日本人専門家の指導の下に、国際会議や国際学会の論文集に投稿して掲載された論文もあった。しかし、教官の大半は研究成果を論文形式の報告書にまとめた経験がないため、どのようにすれば良いかが分からなかったが、支援大学の専門家の微に入り細に穿った指導のお陰で報告書や論文にまとめられるようになった。

工学部教官は一度経験すると対応方法が分かるが、それだけで良い研究と成果が得られるとは限らない。良いテーマを選び、良い研究を行うには、教官が基礎科目と専門科目の能力を十分に有し、そのうえで研究対象分野の文献や資料を入手して学び、さらに実務の実情を把握することが必要である。世界に通用する理論的研究は難しいので、東ティモールに特化した地域特性に富んだ調査・研究が望ましいといえた。

学部・学科管理運営能力向上へインドネシア人指導者を招く

　2011年に開始した第2プロジェクトでは、学部・学科の管理・運営能力向上も支援対象になった。東ティモール大学では、制定された学則に基づいて全学の学術会議と管理運営会議が組織化された。これに伴って、工学部は教育指導体制の改善のための学術委員会、および学部の管理体制改善のための管理運営委員会を設置した。年間活動計画に基づいて教職員の管理能力を向上させると共に、管理状況を定期的にレビューすることにした。

　プロジェクトでは当初、教育能力向上のためのファカルティ・デベロップメント委員会（FD委員会）の設立を画策したが、あまり機能しなかった。FD委員会の業務の1つに授業評価があり、メンバーから、「授業評価の作業はJICAプロジェクトのための業務だから、手当を払ってほしい」との要求があった。本末転倒の驚きの要求であるが、東ティモールの教官からすれば、もともと安い給料で授業をしているなか、さらに追加の業務である。教官によっては、家族を養うために副業により収入を得ている者もいた。その

教職員によるファカルティ・ディベロップメント委員会の様子

ための副業の時間が削られる。各教官の立場に立てば分からないでもない。ただ、学生に質の良い授業を提供して優秀な人材を輩出することが大学教官の責務であり、授業評価によって教育の質を改善することが必要と粘り強く説明し、授業評価の実施についてはようやく納得してもらった。

　ガブリエル工学部長は学部と学科の管理・運営について関心が非常に高く、JICAサイドも改善方法を模索していた。そこで、風間はガブリエル工学部長と相談して、指導者を招くことにした。日本国内の大学には学部・学科の管理運営について指導してもらえる人材はほとんど見当たらなかったので、第三国から探すことにした。教官の語学力を考えると、指導言語はインドネシア語が望ましい。そこで、それまでインドネシアの高等教育事業を通じてJICAとの関係が深かったバンドン工科大学の名誉教授で、元インドネシア高等教育総局長だった人物にお願いしたところ、快く引き受けてもらえた。

　講義は2011年からの5年間に計10回以上、ヘラ・キャンパスで行われた。指導の内容は、学部管理・運営の短期・中期・長期目標の設定とそ

元インドネシア高等教育総局長による学部・学科運営に関する教官向け講義

のための活動計画の策定、学術委員会と管理運営委員会の役割と業務内容、学部の3年制から4年制への移行に伴う教育目的・目標とカリキュラム・シラバスの作成、大学・工業界・政府の役割など極めて広範な内容であった。指導はインドネシア語のため、多くの教官と事務職員が出席し、熱心に受講していた。工学部教官による学科の教育目的・目標・カリキュラムのプレゼンテーションに対して、改善点の指摘などきめ細かい指導をされたこともあった。

　また、工学部の実状に関し、教職員のリーダーシップとモチベーションの欠如、ディリ～ヘラ間の交通手段の改善、時間割どおりに授業を行っていないこと、教職員の服務規程が明確でないこと、昼休みの図書室の閉鎖などの問題点を指摘した。

4. 日本の大学院で学ぶ

修士号・博士号の取得を目指せ

　JICAでは従来から、理工学系高等教育分野の途上国支援を行ってきた。日本自身が工業立国として社会経済を発展させてきた歴史の中で、理工学分野、工業分野の教育・研究機関の能力を高め、人材育成を図ってきた経験を有しているからである。加えて、この分野では、支援対象の途上国と日本、そしてそれぞれの国の周辺国との関係において、歴史認識や民族、宗教の違いによる論争を惹起する蓋然性は低い。

　高等教育分野の技術協力事業の場合、技術移転を行う相手方は途上国側の大学教員であり、指導する日本側も大学の教員となる。大学教員の教育・研究能力を高めるために最も有効な方策は研究指導を行うことであり、特に修士号や博士号を保持していない人には、こうした学位を付与する大学院に留学してもらうことが効果的でもある。今や途上国の大学でも修士号、博士号を保持していることが教員採用や昇進の要件となっている。

　JICAでは2000年頃から、途上国側の有望な若手教員を研修の一環として本邦大学の大学院に留学させる活動を、技術協力プロジェクトの中に組み込んでいる。本邦大学の研究室で学ぶことによって、研究活動のみならず、研究室の管理運営方法や教育方法も学ぶことができ、さらには日本人指導教員との子弟関係に加えて、日本人学生との横の関係も構築でき、日本社会への理解も深めることができる。母国に戻った後、親日派教員として活躍してもらうことができるのである。

ポルトガルには負けられない

　1974年、ポルトガルの植民地支配維持の政権崩壊に伴って東ティモールの独立機運が高まり、独立派と反独立派の抗争をインドネシア軍が制圧し、1976年に東ティモールはインドネシアに武力併合された。この時、独立派の多くの知識人は元々関係が深かったポルトガルなどに亡命した。そして、ポルトガルで教育を受けた独立派の人々が東ティモールに戻って独立後の主要な政府メンバーになり、ポルトガル語を公用語にした。彼らにとってポルトガルは第二の母国であり、しかも東ティモールはポルトガル語諸国共同体の一員にもなっている。

　したがって、ポルトガルの東ティモールに対する影響力は強く、政府機関に多くのアドバイザーを送り込み、ポルトガル流の行政を広めた。東ティモール大学の主要ポストにもアドバイザーを送り込むと共に、時には100名を超える教員を派遣して学生を教育していた。また、ポルトガルは本国に東ティモール大学の教官を留学させて、ポルトガル語で研究指導することによって、東ティモール大学内に親ポルトガルの教官を増やしていった。

　他方、JICAプロジェクトの本邦支援大学は、学位取得の見込みがある教官を厳選して修士・博士課程に受け入れて、国際語である英語の教育によって多くの有能な学位取得者を輩出した。実際のところ、東ティモールの年功序列文化の中で、能力とやる気のある中堅・若手教官を選抜して

日本に留学させることの難しさがあるものの、有能な教官を育成し、将来の東ティモール社会の基盤づくりを支援している日本はポルトガルに負けるわけにはいかない。

工学部のカリキュラム改正やシラバス作成は、泊まり込みで検討して決めることが多かった。2014年、ヨーロッパ式カリキュラムの導入作業において、最後の泊まり込み検討作業をしていた。その最後のまとめの段階で風間にコメントを求められた。そこで、「東ティモール大学の名称は、ポルトガル語で『Universidade Nacional Timor Lorosa'e』であり、『Lorosa'e』はテトゥン語で『日が昇る』の意味で、東ティモールは日が昇る国である。東ティモール大学は、東南アジアのこれから日が昇る国として、それに相応しい独自のカリキュラムで教育すべきである」と述べたところ、教官から大喝采をもらった。とはいうものの、現実的には教官は政府や大学の規則や方針に従わざるを得ないとのことであった…。

日本の大学院に留学させる

日本政府は、日本を世界に開かれた国として人の流れを拡大してグローバル化に対応するために、留学生10万人計画を2003年に、留学生30万人計画を2019年に達成した。日本の大学は古くから外国からの留学生を受け入れて教育を行ってきているものの、大学の方針や態勢によって留学生の受け入れ状況に大きな違いがある。そうした状況のなかにおいて、東ティモール大学工学部支援プロジェクトでは、工学部教官を日本の大学の大学院に留学させ、学位を取得させる中で研究能力の向上を支援する取り組みも行ってきた。

留学のための奨学金はJICAによる研修と文部科学省の奨学金（国費外国人留学生制度）の2種類があり、留学生に付与される奨学金の金額はほぼ同じくらいである。JICAの研修で留学する教官の選考は、JICAプロジェクトと東ティモール大学工学部との協議結果に基づき、日本の受け入

れ大学の合意を得て決定している。2022年12月時点でこれまでに日本の支援大学等で修士の学位を得た教官は20名。この内JICAの研修による支援者は14名である。博士号を取得した教官は6名で、この内JICAの研修による支援者は2名である。

　教官が修士課程に入学するためには入学試験に合格しなければならないが、選考方法は2つある。1つは来日後に筆記試験と面接などで選考、もう1つは書類審査とオンライン面接による選考である。

　前者の場合、入学希望時期の約6カ月前に来日し、入学試験までの間に担当指導教員の下で受験科目や過去の入試問題の勉強をするほか、日本語研修や生活指導などを受ける。受験科目の中には、工学部教官が自身の学生時代に学んでいない科目が含まれる場合もあり、指導教員は手取り足取り教えたり、学力の低い教官を指導するのは大変な苦労である。一般に試験の成績は低いことが多いので、指導教員は教官が試験に合格するかが心配になり、時に祈る気持ちになることもある。合格した場合、来日から修士号取得までに最短で2年半を要する。

　後者の場合は、来日時に入学が決まっているのですぐに授業の聴講と研究に着手でき、来日から最短2年で修士号取得が可能である。

　前者の受験科目について、嘘のような本当の話がある。東ティモール大学工学部教官がある大学の某工学科の入学試験を受験したところ、専門科目の試験問題が日本語のみで書かれていた。日本語を理解できないその教官は解答を書くことができず、当然不合格になった。そのある大学は国際化をうたっているにもかかわらず、留学生に日本語のみでの出題がなされたのである。早速、工学部長に改善をお願いしたことはいうまでもない。

　支援大学は、それぞれ多くの留学生を受け入れた実績があり、留学生の受け入れに対して特別な事情がない限り、受け入れ準備に苦労する点は少ない。滞在先は国際交流会館、留学生寮、民間のアパートなどである。日常生活や諸手続きなどについては、日本人学生や他の国からの留学

生をチューター[2)]に指名し、彼らに協力してもらっている。ただ、留学生の病気やけがに備えて、英語の通じるクリニックは少ないので、英語の通じる病院等を確認しておくことが大事である。

容易ではない留学生の研究指導

留学生の多くは事前に入学後の研究テーマを考えているが、そのテーマは研究する意義がないことや、すでに多くの研究によって明らかになっていることもある。また、留学生の能力、研究機材の都合などのためにテーマが変更になることもある。「研究は1つのことが分かると、それに関連して複数の未知なことが出てくる」ともいわれている。そのため、研究の途中段階でのテーマの修正もある。

東ティモール大学工学部から本邦大学に留学してきた教官は、専門分野の研究室に配属され、ゼミに出席する。ゼミは指導教員のもとで、日本人学生、留学生、研究生などが出席して論文の輪講、研究状況の発表、ディスカッションを行い、各種情報や関連分野の知識を得ると共に、自分の研究についてアドバスをもらう。ゼミを通して日本人学生や他の留学生の交流ができるようになり、留学生は他の学生からいろいろ教えてもらうことができる。

研究を行うためには、まず研究テーマに関連する論文と資料を入手して知識を得ることから始める。そして、テーマに関して何がどこまで明らかになっていて、何が明らかになっていないかを明確にすることが重要である。そして指導教員の指導の下で具体的な研究方法と計画を立てるが、この過程で現有機材や研究費用なども考慮しなければならない。

研究を遂行するうえで、東ティモール大学工学部の教官は、数学、物

---

2) チューターとは、大学において学士課程の学生への学習助言や教授の補佐を行う者のことであり、同じ学科の大学院生がその役割を担うことが多い。ティーチング・アシスタントとも呼ばれる。特に留学生を支援することに特化したチューターを「留学生チューター」と呼称することもある。

理学、専門分野の基礎科目の学力が低いこと、あるいはある程度の学力があっても研究に必要な分野の知識が欠けていることもあり、指導教員は苦労することが多い。例えば、電気・電子工学の研究で電子回路と統計学のあるレベル以上の知識が必要にもかかわらず、電子回路の知識が乏しいために電子回路の基礎から回路の構成まで手を取るように教えたこともある。また、土木工学の地すべりや斜面崩壊の研究において、安定解析方法をよく知っているというから安心していたが、断片的な知識のみのため、解析理論を系統立てて教え直さなければならないこともあった。

　研究指導は英語で行うが、英語が堪能な教官もいれば、英語がおぼつかない教官もいてコミュニケーションに苦労することもある。この場合、指導内容が教官に適切に伝わらないことや、教官の言うことが解りにくいために一層苦労する。指導教員がある教官の修士論文の原稿を読んだところ、見たことがない名詞らしき単語が幾つか出てきたので、ポルトガル語とインドネシア語の辞書を調べたところ、似たようなスペルの単語があるものの意味が分からない。本人に確認したところ、英語が分からなかったのでテトゥン語で書いてしまったとのことであった。驚きである…。

　修士論文や博士論文をいきなり直接作成することは不可能である。研究の途中段階でその成果を外部に公表して、議論や評価を受け、その結果を踏まえてさらに研究を推進していくのが一般的である。

　東ティモール大学工学部教官の多くは、研究成果を公表する資料や論文を書いた経験がほとんどない。そのため、指導教員は論文の書き方、構成、内容まで細かく指導しなければならない。能力のある優秀な教官は、研究や論文作成の指導にそれほど労力を必要としないが、そうでない教官の場合は、英語のコミュニケーションの問題もあり、指導教員の苦労は大変なものである。さらに留学生の研究指導は日本人の学生指導に比べて、能力、思想、プライドなどの違いがあり、強く指導すると病気になったり、甘くすると安易になったりする。日本の指導教員にとって、留学生の研究指導

は程度の違いはあるものの、容易でないといえる。

留学生にとって一番苦しいものは

　留学生は学位を取得することを目標にして、言葉、環境、食生活、習慣、風土、気候などが異なる日本で2～3年間生活するので、最初は不安でいっぱいである。留学生の生活や勉学の世話をしてくれるチューター制度を設けている大学が多く、研究室の日本人学生や他の留学生もいろいろ面倒をみてくれる。

　留学生にとって勉学以外に辛く苦痛なものの1つは言葉の壁である。しかし、来日後の日本語教育と個人の努力によって、日常生活に必要な日本語は習得している。彼らが最も悩まされるのは、高温多湿の日本の夏である。東ティモールをはじめ熱帯の国からの留学生でも、日中から深夜まで肌にじとじとまつわりつく蒸し暑さには閉口し、勉学意欲が低下するようである。海外の熱帯地方では、スコールの後は多湿になっても翌日まで持ち越すことはほとんどない。

　私費留学生を除いた留学生は何らかの奨学金で来日している。東ティモール大学工学部の教官は、JICAまたは文部科学省の奨学金で留学している。彼らは贅沢をしなければ、日々の生活をするのに十分な金額が支給されている。奨学金の一部を貯金してパソコンの購入、一時帰国や日本国内の観光など楽しんでいる。妻子を東ティモールに残してきたある教官は、居酒屋に焼酎のボトルをキープして寂しさを紛らわしていたと聞く。

　ある時、初めて来日した工学部教官が、指導教員との打ち合わせ時間に来なかった。ほとんどの工学部教官は腕時計を持たない。このため日本の指導教員が付き添って、急いで腕時計を買いに行ったこともある。また、携帯電話をしばしば置き忘れたり、紛失するので警察で有名になった留学生もいる。

　留学生にとって一番苦しいことは何かというと、これまでに経験したことが

ないくらい朝から晩まで長時間にわたる勉強と研究の継続である。時には休日を返上することもある。勉強と研究は精神的にも肉体的にも苦しく辛いものである。しかし、内容が理解できて問題が解けたり、論文を書くことができたり、ある目的が達成できた時は何ものにも代え難い喜びになる。これを繰り返していくとやがて学位論文にたどりつくことができる。

　留学生は体調不良や病気になった時が最も不安になる。特に病院に行かなければならないような場合は途方にくれ、周りの学生たちや指導教員の助けで救われることが多い。宗教上の理由かもしれないが、中には薬を全く服用しない者もおり、周りの人が困った例もある。

　日本の大学への外国人留学生の数は、1980年頃以降飛躍的に増加した。また、日本人学生の海外留学も同様である。1983年に日本政府による留学生10万人計画が発表され、2003年までに達成した。この留学生10万人計画により、高等教育機関の様々な問題点、例えば教育方法と教育内容の問題や、あまり役立たない教育などが指摘された。これを契機に国際化に向けて動き出す大学が増えた。

　そして、2008年には留学生30万人計画が策定された。この計画は日本が世界により開かれた国に発展するためのグローバル戦略の展開を目標にし、2019年には数値目標を達成したことが確認されている。

　これらの政策の導入に伴って、日本の大学では1990年代、大学の国際化とグローバル人材の育成などの動きが加速した。さらに、2004年に国立大学が独立行政法人化されたため、その動きは一層進み、多くの大学において教育・研究目標に国際化やグローバル化をうたうようになった。それに伴い、留学生を対象にした国際学生交流プログラムを作成し、受け入れた留学生の教育と研究指導を英語で行うのが当たり前になった。このプログラムは大学によってかなり内容が異なり、日本人の海外留学も対象にしているものもある。

　留学生交流プログラムについて、岐阜大学の理工系分野における「アドバンスド・グローバル・プログラム（AGP）」を紹介しよう。すべての講義と論文指導が、英語で行われる工学系と応用生物系の修士課程プログラムである。海外の協定校からの留学生と日本人学生が一緒に学び、修士号の取得に加えて、多様な価値観や文化の相互理解の深化を通じた学生のグローバル化を推進する。日本での就職指導なども行い、学費免除と生活費の一部を支給する（2023年2月現在）。時としてAGPで修士号を取得した後、博士課程に進む学

生もいる。また、AGPのカリキュラム構築、運営には、工学部「グローバル化推進室（GPO）」が携わっており、GPOは日本人学生を海外の協定校に短期派遣、海外協定校の留学生を工学部に短期受入する手続きも担当する。

　参加している留学生の国籍は年度により異なるが、インドネシア、中国、タイ、ベトナム、マレーシア、フィリピン、ラオス、ミャンマーなどの

岐阜大学で開講されている国際プログラム「アドバンスト・グローバル・プログラム」の特別講義で国際協力に関するグループ討議を行う外国人留学生と日本人学生

アジア地域のほか、ケニア、エジプト、ガーナ、コンゴ民主共和国などアフリカ諸国、そしてオーストラリアなどからの留学生が学び、日本人の学生と密な交流の機会を持っている。留学生と日本人学生の割合は3：1程度であり、日本人学生が外国人留学生と共に学ぶことの意義も深い。

　すでに紹介したとおりJICA事業でも、途上国の支援対象大学の若手教員を日本の大学院に留学させ、学位取得を通じて教員の教育・研究能力向上を支援している。東ティモール大学工学部の若手教官も何名かこの岐阜大学のAGPに入り、日本人学生のみならず、他の国からの同世代の留学生と一緒に学び、ネットワークを構築している。

　ちなみに筆者の1人小西もJICAでの実務経験を活用して、非常勤講師として国際協力に関する特別講義を担い、講義の中で留学生と日本人学生によるグループ討議も設定し、参加している学生同士の交流促進を心がけている。

第4章

キーとなる本邦支援大学の参画

　高等教育分野のJICA技術協力プロジェクトの実施にあたり、本邦大学教員からの協力は必須といえる。しかしながら協力をする側の本邦大学の教員は、所属する大学での本来業務で多忙を極めており、その合間を縫ってプロジェクト活動に協力している。

　そうした中、東ティモール大学側の状況はあまりにひどかった。大学の施設・機材の状況のみならず、大学教官の基礎学力、そしてやる気の問題。「なんのために忙しい時間を割いて協力しているのか」。本邦大学教員の徒労感はピークに達していた。協力の継続に二の足を踏む本邦大学。本邦大学の協力なしでは事業が成立しないプロジェクト。この状況を打開するべく関係者がそれぞれの立場で知恵を絞り、汗をかいた。

　本章では、東ティモールの「現実」の中で苦悩する本邦支援大学関係者とその苦悩を乗り越えた工夫の顛末を紹介する。

1．本邦支援大学の苦悩

プロジェクトを支える本邦支援大学

　JICAは教育に限らず、保健医療、農業、環境、水資源、エネルギー、道路、橋梁、空港、港湾、鉄道など様々な分野で途上国支援を行っている。途上国の協力相手はこうした専門分野の業務に従事する専門分野の人たちだ。しかしながら、JICA自体にこうした専門分野で途上国の関係者に技術指導できる人員は限られている。基本的には、省庁を含むこの分野の専門の団体・個人の協力を得て、その優れた知識を有する人を専門家として途上国に派遣している。

　高等教育分野の場合、すでにこれまで述べてきたとおり、日本の大学の先生方の協力を得ている。技術協力プロジェクトの場合、5年などの長い期間にわたり、安定して一貫した技術指導を行う必要がある。このためプロジェクトを開始する前に、「本邦支援大学」として大学単位でJICAのプロジェクトに参画し、途上国への専門家派遣や途上国からの研修員の受

け入れに協力する大学をあらかじめ決めておく必要がある。最近では協力する学科ごとに本邦支援大学を決めることが多い。例えば、土木工学科は埼玉大学、電気・電子工学科は岐阜大学という感じである。

　日本の国立大学は、2004年4月から文部科学省所管の国立大学法人になった。国立大学が国の組織の一部ではなくなったことで、大学の経営、教育、研究、組織の改編などを各大学で自主的に決めることができるようになった。独立行政法人化後も各大学の収入不足を補うために国が補助金（運営費交付金）を負担しているが、毎年一定の割合で削減がある。そのため外部資金獲得、教育・研究などの成果と実績が強く求められるようになった。

　2003年から本格的に始まった東ティモール大学工学部支援は、最初のJICAによる現地調査への協力や、東ティモール大学の教官を留学生として受け入れた関係から、機械工学科は長岡技術科学大学、土木工学科は埼玉大学に決まったが、電気・電子工学科は幾つかの大学に打診したが決まらなかった。が、最終的には文部科学省の一声で岐阜大学に決まった。

　2006年に始まった第1プロジェクトでは、支援大学のそれぞれの学科が組織としてプロジェクトの支援を引き受け、各大学から多くの日本人教員がJICA専門家として東ティモールに派遣された。

　風間は、JICAプロジェクトの現地責任者であるチーフアドバイザーという職位を仰せつかった。前述のように、実質3年半の支援を通して、東ティモール大学教官の基礎学力と専門知識の異常な低さと熱意不足、副業や留学による不在教官が多いことなど、驚くことが多かった。このことは、第1プロジェクトの活動期間の終了が間もなく近づき、後継事業として第2プロジェクトを実施するか否かJICAが検討を始めた頃、本邦支援大学の間で問題化された。

「JICAで勝手にやってください」

「JICAが支援を継続したいのならば勝手にやってください。我が大学は
こりごりです。このプロジェクトから足を洗わせていただきます」

2009年の年の瀬も押し迫ったある日、プロジェクトで土木工学科を支援し
ている埼玉大学の先生から、JICAのプロジェクト担当課の課長であった
小西伸幸にメールが届いた。2006年から始めた第1プロジェクトである「東
ティモール大学工学部支援プロジェクト」の事業期間終了を翌年3月に控
え、次の第2プロジェクトの実施を検討している最中であった。

教育分野の支援は息の長い仕事である。何年にもわたって地道に人材
育成をしていく。技術協力プロジェクトは1事業あたり5年程度の期間で活
動するが、時として、フェーズを区切り、事業目的を切り分けて複数のプロ
ジェクトにして、10年、15年と支援することもある。東ティモール大学工学
部への支援もそのような取り組みを想定していた。

すでに述べたとおり、この事業にとって本邦支援大学は重要なアクター
である。その支援大学から協力を辞退された。事業継続の危機である。
これまでの地道な協力の成果が水泡に帰すことになる。

小西は課のプロジェクト担当者である布谷真知子と共に埼玉大学に駆
けつけた。何とか支援を継続してもらえないかと、並み居る先生方の前で
埼玉大学のこれまでの協力に謝意を示しつつ、引き続きの協力をお願いし
た。横で若い布谷も懸命に頭を下げている。胸が熱くなった。

が、埼玉大学側の回答は「ノー」であった。理由は明快。日本での本
来の仕事が忙しい中、わざわざ東ティモールに渡航して技術指導をしようと
しても、肝心の東ティモール人の教官が副業で忙しくて大学に来なかった
り、指導期間中に海外に留学して不在になるなど東ティモール側のやる気
が見られないとのこと。加えて、数学や物理など基礎的知識の乏しい東
ティモールの教官に対し、日本の大学の先生が指導し続けることへの徒労
感。工学部の教官ならば、数学や物理の知識は身につけていることが前

提であるが、東ティモール大学では多くの教官がそうではなかった。

さらにあるエピソードが紹介された。東ティモール大学工学部の教官に修士号を取得させるべく留学生として受け入れた。手取り足取り苦労してようやく修士号を授与できたが、本人の離日時の挨拶が「日本に留学して一番良かったことは、自分のノートパソコンを持つことができたこと」であった。「もう疲れました」と言う埼玉大学の先生の言葉に、小西と布谷は一層深く頭を下げるしかなかった…。

事業継続の危機

徒労感を感じていたのは埼玉大学だけではなかった。機械工学科の本邦支援大学である長岡技術科学大学、電気・電子工学科を担当している岐阜大学も同じであった。小西と布谷はそれぞれの大学を訪問し、引き続きの協力を要請した。が、反応は悪かった。

「最初に言っておきたいことがあります。はっきり言って迷惑しています。当学科としては、今後の協力はできません」。場所は岐阜大学工学部の会議室。電気・電子工学科長の言葉が小西の胸に刺さった。聞けば、やはりプロジェクトに参画している先生の徒労感。加えて、東ティモールに技術指導に赴いている間、岐阜大学に残っている先生がその間の業務をバックアップする負担もあるとのこと。わざわざ東京から出張して、多くの教職員の前で言われた言葉は身にしみたが、学科長としても他の教職員の手前、そう宣言せざるを得なかったのだろう。

会議を早々に切り上げ、小西は布谷と共に帰京の途に就こうとキャンパスの駐車場をトボトボ歩いていた。その時、突如、後ろから名前を呼ばれた。振り返ると吉田弘樹がいた。吉田は電気・電子工学科の専門家として岐阜大学から度々現地に派遣されると共に、プロジェクトの運営にかかる委員会の岐阜大学の代表を務めていた。「まあ、折角、東京から来られたのだし、ランチくらい食べに行きましょう」

　岐阜市内の古いたたずまいの料理屋で、岐阜料理のランチを食しつつ、小西と布谷は吉田に今後の対応について相談をした。プロジェクトの継続にあたって電気・電子工学科は重要な分野である。岐阜大学から継続した協力を得られないとなると、別の大学を新たに探すか…。覚悟を決めようとしたその時、「大学としての協力はできないけど、個人としては協力できますよ。ほかにもそうした教員を探しますよ」。吉田の温かい眼差しがそこにあり、まさに地獄に仏のように「人情のランチ」に救われた。

東京・八重洲の居酒屋での密談

　2010年の夏ころ、JICAの小西・布谷から次期プロジェクトの現地責任者であるチーフアドバイザーへの就任要請があったが、風間は引き受けるか否か苦慮していた。一方、電気・電子工学科を支援していた岐阜大学の吉田も、小西と布谷に対して「個人として協力する」とは言ったものの、現実的にどこまで協力できるか分からず、独り悩んでいた。

　9月のある日、風間と吉田は対応を検討するために、東京・八重洲地下街の居酒屋で待ち合わせた。2人は2000年代半ばから東ティモールの現場で苦楽を共にした間柄であり、気心が知れていた。東ティモール大学の厳しい状況は共通の認識。その厳しい状況を覚悟のうえで、さらに何年間も協力をするのか。その努力は報われるのだろうか。自身が所属する大学関係者から理解が得られるだろうか。3時間にわたり諸々の事情を含めて延々と議論を重ねた。

　なかなか結論が出ない。が、ついに覚悟を決めたように吉田が放った言葉が風間の胸に突き刺さった。「風間先生がお受けにならないなら、吉田は引き受けません」。風間は下駄を預けられたのだ。自分が所属していた埼玉大学が継続支援を拒否した手前、自分が引き受けざるを得ないか、それともこの際、苦悩と苦労、徒労感の連続である東ティモール大学プロジェクトと縁を切るべきか。自分が断れば、JICAはチーフアドバイザー

と電気・電子工学科の支援大学を再び探さねばならない。東ティモール大学の教官、JICA関係者の顔が頭をよぎった。義理と人情、責任感に日夜悩まされた。

悩みに悩んだ末、風間は引き受けることにした。これによって電気・電子工学科は、岐阜大学の吉田と同僚教員が共に個人として支援を継続することになった。

2. 仕切り直しの本邦支援大学体制

かまぼこ片手に作戦会議

埼玉大学から協力を拒否された土木工学科の本邦支援大学を探さなければならない。JICAの担当課長の小西、小西から東ティモール大学内に設置するプロジェクトオフィスの日本側現場責任者への就任を要請されていた風間はそれぞれ知恵を絞った。どこか協力してくれる大学はないか。思案に思案を重ねた結果、出てきたアイデアが山口大学であった。偶然にも一致したアイデアであったが、それぞれに山口大学に知己がいた。

早速、JICA担当者の布谷と共に3人で山口に飛んだ。JICA側からの協力要請に対し、山口大学の反応は悪くはなかった。が、東ティモール大学の教官に数学や物理を教えるのは勘弁して欲しいとのこと。十分理解のできる話である。

山口大学での会議を終えた一行は、翌日、小西の知己が勤める岡山大学にも協力要請をするため、岡山に移動するべく新幹線新山口駅のホームにいた。山口大学での議論を振り返りつつ、今後どうするのか意見を交わしていた。そんな小西の目に飛び込んできたのが売店の「山口名物かまぼこ」の文字。折角、山口に来たのならば名物は食べておきたい。今日はもう岡山に移動するだけ。迷うことはなかった。売店で山口名物かまぼこと缶ビール3人分を買った。かまぼこと缶ビールを手にして、新幹線のホームで作戦会議である。

　本邦支援大学の共通した意見は、数学や物理の指導は徒労感が大きいとのことであった。他方で、研究への指導ならば引き受けてもらえそうだった。そこで3人が導き出した結論は、本邦支援大学の先生には、優秀な東ティモール大学の教官を選抜し、研究活動を支援してもらうことに特化することを明確化し、基礎学力に関する指導は本邦大学以外の組織から協力を得るという作戦であった。実はこの作戦は少し前から検討をしていたものであったが、山口大学との協議を経て、その有効性を確信するに至った。

東ティモール側に改善を申し入れ

　本邦支援大学に対して東ティモールへの支援継続を要請するだけでは問題の解決にはならない。東ティモール大学工学部自身の事態改善に向けた取り組みが必要である。実は、本邦支援大学に対する第2プロジェクトへの協力要請を行う裏で、東ティモール大学側にも対応を求めていた。

　2010年の夏、風間、小西、布谷の3人は東ティモールに向かった。工学部では学部長や学科長と率直に意見交換をした。特に第1プロジェクトにおける東ティモール側関係者のプロジェクト活動への取り組み姿勢により、本邦支援大学が第2プロジェクトへの協力を辞退したり、意思決定を保留にしていることを伝えて善処を促した。また、教官の専門分野の基礎知識の習得については、仮に第2プロジェクトを実施する場合でも、日本からの支援対象には含めず、工学部側の自助努力により対処するべきであることを伝えた。そのうえで、今後は日本からの協力は、教官の研究能力向上支援を重点的に行うこと、そのために教官自身がどのような研究をしたいと考えているか、研究計画書をJICA側に提出するように求めた。その提出状況と内容を確認したうえで第2プロジェクトの内容を決定することを丁寧に伝えた。

　また同じく第1プロジェクトで問題視された、本邦支援大学からの専門家が現地に指導に赴いても、指導を受ける立場の工学部教官が突如海外

合意文書に署名する副学長、学部長、小西（右端）

留学に行ってしまったり、副業のため大学に出勤しない点への改善を申し入れた。この点については、東ティモール大学自身が教員の能力開発を計画的に実施すること、教員の業務評価制度を導入すること、副業の原因となっている大学教官としての給料の増額に向けて東ティモール政府と交渉を行うことなどを約束した。

　こうした協議結果を文書にまとめ、副学長、工学部長と共に小西が署名をして確認した。まさに東ティモール側のオーナーシップをどう引き出し、強化するかという取り組みであった。これをJICAが第2プロジェクトを実施するための前提条件とし、東ティモール側に突き付けたのである。

支援対象3学科の本邦支援大学が決定

　このほか多忙な本邦大学の先生に現地に頻繁に訪問してもらうのみでなく、東ティモール側から日本にJICAの研修員として来てもらい、本邦支援大学にて研究指導を受けてもらうことにした。これにより東ティモール人教官も研究活動に専念できる。

　また、数学や物理などの基礎知識の指導や講義準備・運営など教育

活動への助言は、言葉の壁のないインドネシアの大学に依頼することにした。

　こうした方針は、岐阜大学や山口大学だけでなく、機械工学科の本邦支援大学であった長岡技術科学大学にも受け入れられた。ここに支援対象3学科の本邦支援大学の体制の仕切り直しがなされた。

　その後、第2プロジェクトから新たに参画した山口大学は、現地で土木工学分野の有益な研究テーマを見出し、積極的な活動を展開することになった。

【第1プロジェクトから第2プロジェクトに移行した際の本邦支援大学の体制】

　機械工学科　　　：長岡技術科学大学　→　継続して協力

　土木工学科　　　：埼玉大学　　　　　→　山口大学に交替

　電気・電子工学科：岐阜大学　　　　　→　教員個人で協力継続

本邦大学の教員にとって、自らの大学での業務が最優先なのは当たり

2010年10月にディリで行われた第2プロジェクトに関するJICAと東ティモール大学との合意文書署名式（前例右側から布谷、風間、小西）（写真：JICAホームページから引用）

前。昨今、学生への教育活動に加えて、研究での実績を出すことが厳しく求められている。また大学組織にとっても文部科学省をはじめとする様々な組織からの要望・期待が寄せられており、そうした声に応えていく必要がある。このような中、途上国の大学の教育・研究能力向上支援のために労力を割いてもらうためには、プロジェクトに参画するすべてのアクターにメリットがある仕組みをつくることが大事であろう。

コラム③　東ティモール大学工学部支援事業とODA
辻本 温史

　日本の政府開発援助（ODA）による途上国の大学支援は、長い歴史を持っている。萱島（2019）によれば、1960年代から現在までに、日本の技術協力により設立や拡充が図られた途上国の大学は約180校にも及ぶ。本書で取り上げられている東ティモール大学も日本の技術協力を受けた大学の1つである。

　途上国の大学を支援する際に、最も重要な役割を担うのは日本の大学教員である。本書でも何度も出てくるが、ODAの実施機関であるJICAにとって、途上国の大学支援に携わる日本の大学教員を見つけ出すことが最も重要な仕事の1つであることは、今も昔も変わらない。

　一方、大学教員を専門家として途上国に送り出す日本の大学にとって、ODAとはどのようなものだったのだろうか。東ティモール大学に対する支援が始まった2000年代前半は、国立大学の独立行政法人化が進められ、文部科学省は大学の国際化促進政策を推し進めた時代だった。日本の大学は、大学のミッションとして大学の国際化を掲げ、手探りで取り組んでいた。しかし、この時、大学の国際化と大学のODA参加は連動したとはいえない。なぜなら、当時、大学の国際化に取り込まれた内容は、留学生交流の拡大（外国人留学生の受入れ、日本人学生の送出し）、英語のみによるコース・プログラムの創設や増設、外国人教員の採用、国際共同研究の推進であった。政策においても大学の取り組みにおいても、大学の国際協力への参加を大学国際化と関連付けて積極的に議論されることはほとんどなかった。日本の大学は、大学の国際化推進を掲げながらも、JICAから要請された国際協力への参加を大学の国際化施策にうまく位置付けられなかったのである。

　本書に登場する本邦支援大学も、こういった状況の中で、東ティ

モール大学の支援を続けてきた。特に初期の東ティモール大学は「大学」と呼べるような状況ではなく、本邦支援大学が「東ティモール大学を支援するメリットがない」というのも無理のないことだった。東ティモール大学を支援しても、自身の大学の国際化に貢献したことにはならないからである。それでも東ティモール大学を支援し続けた本邦支援大学の関係者の葛藤や苦労は、本書に生々しく書かれているとおりである。東ティモール大学支援の歴史は、こういった時代を背景とした本邦支援大学とJICAの葛藤と試行錯誤の歴史ともいえる。

　こういった途上国の大学支援のためのODA事業は今も世界中で展開されている。2000年代前半からの20年間で、日本を含む世界の高等教育の国際化を取り巻く環境は大きく変わった。途上国の大学と日本の大学がアクセスできる資金も多様化した。ODA事業をきっかけとした国際共同研究や国際共同教育プログラムも増えてきた。しかし、日本の大学のODA事業への参加と大学の国際化は今も進行形の課題であり、日本の大学とJICAの挑戦は世界中で続けられている。

第5章

見えてきた事業成果

東ティモールが独立して20年。日本が東ティモール大学工学部への支援を開始して20余年。東ティモール側の厳しい現実を踏まえつつも、そこに果敢に努力する関係者たち。それは日本人専門家だけでなかった。東ティモール大学関係者も、自らの人生の1ページの中でプロジェクト活動に取り組んできた。

そしてようやく見えてきた事業の成果。今や東ティモール大学工学部の教育能力は大きく向上し、多くの有為な人材を社会に輩出するに至った。

本章では、両国関係者の多大な努力の結果として発現してきた事業成果を紹介する。

1. 教官の能力向上

基礎学力は年々確実に向上

2006年に開始した第1プロジェクトでは、東ティモール人教官の基礎学力の向上を目指し、英語、数学、物理、工学基礎の基礎科目を日本人専門家が指導にあたった。多少の向上は見られたが、教官の習熟度は遅く専門家の苦労は絶えなかった。

教官の基礎学力の理解度を把握するには、試験を課す以外に良い方法は見あたらない。プライドの高い教官から「教官に試験を課すとは何事か？」と激しい抵抗を受けると思われたので、まず工学部長や学科長に試験の必要性を説明し、試験結果はあくまでも学部や学科のレベルの評価であって、決して個人の結果は公開しないことを条件に了承を得た。

2007～2009年の毎年、工学部教官を対象に英語、数学、物理、基礎工学の試験を行い、工学部教官約50名のうち毎年30名弱の教官が受験した。試験結果は個人レベルの評価でないことから、シニア教官は比較的気楽に、若手教官は真剣に問題に取り組んでいた。受験する教官のうち、毎年10名くらいの教官が修士号取得のため海外留学をしたり、逆に留学から帰国した教官がいたため、受験者の約1/3は毎年入れ替わった。

図表4は3年間の各科目の平均点であり、いずれの科目も経過年に応じて平均点が多少増加している。

　また図表5は、第1プロジェクト終盤の2009年における教官の基礎学力の高校生レベルと大学生レベルそれぞれの達成状態を表している。これによると基礎工学は、高校生レベル・大学生レベルとも達成目標に到達していないし、英語も大学生レベルの目標に達していない。この結果から、その後も基礎学力の向上に努力していく必要があることが明らかになった。特に英語は工学分野の教育・研究・実務で世界的に広く使われ、国際的に公用語になっているので、英語の学力向上が一層必要であった。

　2011年からの第2プロジェクトでは、専門分野の研究活動を支援することになり、それまでの一斉授業から個人またはグループ指導に変わった。これまでのように漠然と基礎科目の指導を受けるよりも、専門分野の研究指導の方が工学部教官にとっても関心が高く、しかも少人数指導のため、教官も真剣に指導を受けるようになった。研究のための専門分野を理解するには基礎的学力が必要になることがあり、その場合は教官自身が集中的に

図表4　科目別平均得点の推移

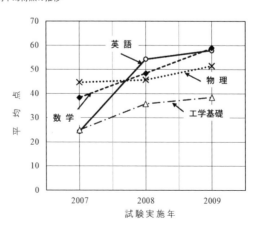

図表5　科目別、レベル別の達成目標と2009年の達成度

	高校生レベル		大学生レベル	
	達成目標（%）	達成度（%）	達成目標（%）	達成度（%）
英　　語	70	91	50	43
数　　学	70	71	50	62
物　　理	70	80	50	50
基礎工学	70	65	50	15

　勉強するか、あるいは専門家に指導をお願いすることで解決を図った。必要に迫られて勉強することは、漫然と勉強するよりも習熟度が高くなり、効果的である。

　本邦支援大学の専門家の指導や本邦への短期研修の機会を通じて基礎学力を学ぶ機会は多く、さらにインドネシア・スラバヤ工科大学の教官による指導もあって、遅々とした歩みながらも基礎学力は年々向上していった。その根拠は、講義ノートや実験指導書の作成割合、連携ユニットによる産官学のセミナー開催、共同研究の実施、研究論文の公表数、高学位取得者数などの増加である。詳しくはこの後述べることにする。

改善された授業内容

　教官の授業の実施状況を教室の外から何となく見ることができたが、どのような教材を用い、どのように学生に教えているかを把握したいため、風間は教官の授業の聴講を申し入れた。授業はインドネシア語またはテトゥン語で行われているため、風間が細かい内容まで理解できるわけがない。にもかかわらず、ほとんどの教官から断られた。確かに教官にとって第三者の授業聴講は初めてであり、授業内容に不安があるからと推察できた。そこで考えたのは日本の大学で実施している授業評価である。この評価はある

程度量的に表すことができると同時に、各学期に継続して実施すれば、評価の推移が分かるメリットがある。

　実施に際しては工学部長を説得し、辛うじて了承を得て2007年に初めて実施した。以降、各学期末に授業評価を行って集計して結果を公表した。各科目の評価結果は教官にフィードバックしながら問題点などをアドバイスした。2014年までの授業評価はプロジェクトサイドが実施、集計、解析、公表、教官指導を行ったが、同年に授業評価の実施および取りまとめ方法などを工学部に技術移転し、現在はオンライン化している。

　授業満足度や理解度は、教官自身の能力、教育教材、実験機材、教育環境、教育技術などの教育方法に大きく依存している。東ティモールにおける教育はポルトガル語、またはテトゥン語で行うことが決められているが、ポルトガル語が良く分かる教官と学生は非常に少ない。テトゥン語の基礎科目や専門科目の教科書はなく、しかも月収100 ～ 250ドルの家庭に、1冊10ドルも30ドルもする英語やポルトガル語の教科書を買わせることはできない。教官は本邦支援大学からの専門家の指導で、シラバスの内容を学生のレベルに合わせて見直し、講義ノートの作成・充実を図った。必要に応じて講義ノートを教科書代わりに使うため学生にコピーをさせたり、必要資料を配布している教官もいた。実験は試験方法の規格・基準（例えば、日本工業規格（JIS）、アメリカ材料試験協会規格（ASTM）など）があれば、それに基づいて実験を行うが、ない場合は実験指導書を専門家の指導の下で教官が作成した。

　2019年にJICAの無償資金協力事業によって工学部に事務室、教官室、教室、実験室、多目的ホールなどの新校舎が建設され、早速活用された。特に教室は明るく広くなり、50名と80名定員教室が計20室もあり、各教室には最新の視聴覚機材が整備された。実験機材も20年近くにわたる支援によって、最低限教育に必要な機材は揃っている。教育の質のうち、特に施設や機材に関する部分はかなりクリアされ、残っている問題は教

官の能力、教育内容とレベル、講義ノート、教え方のテクニックである。

　2016年から始まった第3プロジェクトのある時、土木工学科の学科長と副学科長から、風間に「教育の質の改善をぜひ指導して欲しい」という要請があった。これを聞いて驚くと共に、教官自らが教育の質の改善の必要性を痛感するレベルにまで成長したことを大変嬉しく思った。そこで、まず4名の教官の授業に出席して聴講した後、講義ノートや配布資料などを確認しながら指導を行った。指導した大きな点は、学生の能力と理解度を考慮した内容とレベルにすること、毎年講義ノートを見直して教え方を改善することなどである。しかしながら、風間の専門分野以外は細部にわたって指導ができなかった。それぞれの専門科目については本邦支援大学の専門家に指導をお願いすることになる。同じ科目を何回も聴講して指導することが望ましいことはいうまでもないが、2～3回聴講すればおおよそのことは分かり、全体の指導は講義ノートを見れば行うことができる。講義ノートの作成は教官自身の能力向上につながることであり、多くの教官はインドネシア語の教科書と学生時代の自分のノートをベースにしている。ベースにする教科書は信頼と実績のある英語で書かれた国際的に信用のある教科書が望ましいので、風間の専門の地盤工学について英文の入門、理論、応用編の教科書3冊を教官に供与して、これに基づいて講義ノートを作成するよう指導した。電気・電子、情報などの土木工学以外の学科においても、教官は日本人専門家と一緒に議論しながら数冊の講義ノートを作成した。工学部のカリキュラムでは、座学の講義と実験がセットになって1つの科目になっている。実験や実習は原理や理論の理解に大いに役立つので、適切に実験を織り交ぜて教育することが必要である。プロジェクトでは現場見学、工場見学、実務見学などの実施も積極的に支援し、教官と学生が社会的ニーズを知り、卒業研究に役立てるように指導した。

　第2プロジェクトでの授業評価では、学生の授業満足度は、当初、「不満」と「非常に不満」の学生が20%を超えていたが、それが次第に減少

してその分満足度が年々わずかに増加し、「満足」と「非常に満足」を合わせると70%以上の学生が授業に満足と回答してきた。第3プロジェクトでは、図表6のように学生の授業の満足度を「非常に満足：5」、「満足：4」…「大幅に改善が必要：1」の5段階に分けて学生に質問し、平均満足度が4以上あることを達成指標とした。2017年からの回答結果を見ると2020年以降著しい改善傾向が見られ、「非常に満足」と「満足」の学生は97 〜 98%に及んでいる。このように授業の満足度が急に改善した理由は、専門家の指導や教官の本邦研修によって教官の能力の向上、講義ノートや教え方のテクニックの改善、新しい教室の使用などによると思われる。

図表6　学生による授業評価

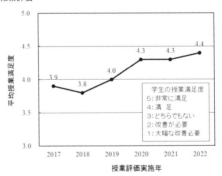

研究成果の発表、論文掲載も

すでに述べたとおり、2011年からの第2プロジェクトは、教官の専門分野の知見と研究能力の向上に活動の重点を置いた。研究プロポーザルを募集し、応募プロポーザルを審査して採否を決め、本邦支援大学からの専門家派遣、工学部教官の本邦への短期研修の実施、研究用機材の供与などの支援を行った。

2010年以前は教官が研究をできる状況でなかったこともあって、研究計

画の作成などはほとんどなかったが、研究プロポーザルの募集により教官の研究へのモチベーションが高まった。ところがこの段階で、多くの教官は、「研究テーマをどのように見つけ、プロポーザルをどのように書けば良いのか」分からなかった。これらの問題は日本人専門家の指導によって徐々に解消され、年々応募件数は増加した。そして、専門家の現地指導、教官の本邦短期研修への派遣、研究活動費の支援などを得て研究活動は活発化し、研究成果が徐々に得られ、成果の発表件数は次第に増加。2013年頃には全文査読付きの国際学会論文集に数件の研究成果が掲載されるまでになった（図表7参照）。また、東ティモールの国内で機械、土木、電気・電子工学の各学科でセミナーを毎年開催し、研究成果を取りまとめて口頭発表。その件数も年に30件を超えるまでになった。

　教官の研究レベルは当然一律でなく、かなりの差があった。博士号取得教官は国際学会論文集に投稿可能な研究レベルにあり、他の教官の論文を査読できる能力を有していると考えられた。修士号取得教官はそこまでの能力はなく、学士号の教官の中には論文を書いたことのない教官もいた。工学部の研究成果を外部に発信するために、論文を書いたことのない教官のトレーニングも兼ねて、工学部紀要「ティモール科学技術雑誌（Timorese Academic Journal of Science and Technology）」を2018年に発刊。以来、毎年約20編の論文が掲載されている。この雑誌の初代編集長は、岐阜大学で博士号を取得した電気・電子工学科のカンシオ教官である。

　ティモール科学技術雑誌に投稿された論文は、本邦支援大学の教員や東ティモール大学で博士号を持つ工学部教官が査読し、掲載の可否や内容修正の助言を行っている。第1巻に掲載された論文にはテトゥン語のものもあったが、第2巻以降は英語のみとなった。工学部教官の研究成果の公表論文数の推移は図表7のとおり。一時的な落ち込みはあったもののここ数年発表件数は大幅に増加し、しかも研究成果のレベルも教官の研究能力も全体に向上しており、今後の研究活動に期待できる。

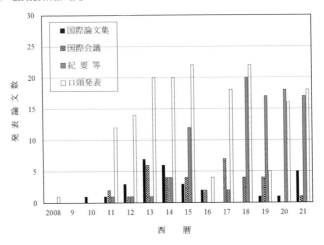

修士号・博士号教官の増加

　大学教員にとって、学位は教育・研究能力を表す大きなステータス・シンボルであるといわれている。学士は主に学力レベルを、修士と博士は主に教育・研究能力を表している。大学教員は学位によって任務に制限があり、待遇面も異なる場合が多く、最高の博士号取得教員はすべての業務や任務に就くことができる。大学によって教員が担当できる業務や任務は異なる。例えば、修士号の教員は卒業研究や修士論文の指導まででできるが、博士論文の主指導者や審査委員にはなれない。助教は演習と実験の授業は担当できるが、講義は担当できないなどの制限がある。したがって、大学の教員がより高位の学位取得を目指すのは当然である。

　東ティモール大学工学部教官の取得学位の推移は図表8のとおりである。情報工学科と地質・石油学科の教官は2016年から加えた。工学部の支援が開始されたころは、ほとんどの教官が3年制または4年制の学士で

あったが、3年制学士はインドネシアに留学して4年制学士になり、その後ポルトガルや日本に留学して修士号を取得した教官が急激に増えた。そして、2015年には電気・電子工学科のカンシオ教官が工学部で最初に博士号を岐阜大学から取得し、2020年には博士号の教官が9名になった。その取得国はポルトガル3名、日本6名であり、6名の内2名は日本独特のシステムである論文博士（大学院の博士課程に在籍せずに論文を提出し、審査に合格して取得する学位）である。修士号の取得国はポルトガル37名、日本20名、インドネシア3名である。

　図表8のように、2022年末時点で約95％の教官が修士以上の学位を取得済みであり、博士の学位を取得する教官が年々増加している。これは本邦支援大学の教員の指導を受けながら、教官自身が研究活動の経験を積んで研究能力を向上させてきた結果の現れであり、教官自身の研究はもとより、教官が指導する学生の卒業研究の指導力も向上している。そして、工学部として相応しい教育・研究レベルに次第に近づきつつあるといえる。

図表8　工学部教官の学位取得者数の推移

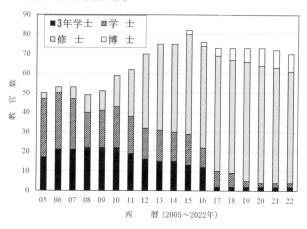

このように日本で博士号と修士号の取得者が多いのは、支援大学の先生方の温かい指導のお陰と教官の努力に負うところが大きいといえる。しかも、日本の博士号および修士号を取得するには、それぞれの大学が決めている基準をクリアしなければならないので、学位に相応しい教育・研究能力を備えた教官といえる。事実日本で学位を取得した教官は、政府の石油・鉱物資源大臣、国家開発庁長官、国家電力規制庁長官、東ティモール電力公社総裁、インフラ関連省庁統括官などの要職に任命されている。

　一方、ポルトガルの修士号を取得した教官は、研究レベルがあまり向上していない状況から、同じ修士号でも違いがあるように思われる。

卒業生から初の博士号

　修士号や博士号の学位を取得するには、カリキュラムに規定する必要単位数の修得、修士論文または博士論文を提出する必要がある。それ以外に、研究成果の公表論文数が義務づけられている。必要となる論文数はそれぞれの大学が独自に決めており、大学ごとに異なっている。ある大学の例では、修士号は学会で1編以上の研究成果の発表、博士号は国際学会論文集や学術雑誌に2編以上の論文掲載、または全文査読付きの国際会議の論文集に3編以上の論文掲載となっている。

　修士号については必要要件をクリアしたうえで、論文を提出して公聴会を行うと共に、個別審査をパスすれば修士号を取得できる。博士号は事前に予備審査を受け、必要要件を満たして論文を提出して公聴会を行うと共に、個別審査をパスすれば取得できる。

　留学生は学位を取得することが最大の目標であるので、審査をパスすると満面の笑みを浮かべて喜ぶのが一般的である。東ティモール大学工学部の教官は、指導教員をはじめ、他のお世話になった教員、研究室の学生に感謝し、さらに家族やヘラ・キャンパスに残った同僚教官の協力に対しても感謝しているようである。胸を張って帰国し、留学で得た経験と知識

を使って東ティモールや工学部の発展のために活躍することを期待したい。

　ここで、東ティモール大学工学部で博士号を初めて取得したカンシオ教官について紹介しよう。彼は東ティモール大学工学部電気・電子工学科の卒業生で、学部卒業時のGPA（履修科目の成績評価点数）が全学でトップであった。第3章で紹介したように、若手人材の育成に情熱を注いだ大芝敏明の強い推薦によって電気・電子工学科のアシスタントに採用され、その後に教官になった。彼は文部科学省の奨学金を得て2010年に岐阜大学の修士課程に入学した。修士課程の成績が優秀だったので、修士課程修了後に博士課程に進学した。修士課程の頃は日本人学生寮に住んで交流を深め、日本語の会話はほぼできるまでになった。基礎科目および専門科目の不足する学力を補って自主的に研究を行い、指導教員の手を煩わすことは少なかったという。研究論文は国際学会誌に掲載されるとともに、スペイン、オーストラリア、アメリカ、韓国など6カ国の国際会議で論文を発表した。その際はいろいろ見て回って情報を収集して東ティモールと比較するなど、向学心に燃えていた。

　共に来日した夫人との間に2人の男の子が誕生した。2人の子どもは日本で生まれたから、ミドルネームに日本人にちなんだ名前、長男に「ケイヒロ」、二男に「ケンジ」をつけた。奨学金のみでは親子4人の生活が厳しいこともあってか、東ティモール人には珍しく堅実な生活であった。また、律儀で人柄が良いことから多くの人々に親しまれていた。彼は日本で温

博士号取得して家族と記念写真に収まるカンシオ教官

東ティモール初の「博士」に
岐阜大院留学生

日本との橋渡し役めざす

訪問した東ティモールの大学生に研究内容を説明するカンシオさん（岐阜市の岐阜大学）

カンシオ教官の博士号取得の新聞報道　　　　　　　　（2015年3月6日日経新聞夕刊）

泉が好きになり、各地の温泉をときどき楽しんでいた。

　2015年3月の博士の学位伝達式に、彼は民族衣装を着て、このために来日した母親と一緒に出席し、万感の思いで学位記を手にした。また、母親を日本の観光地に案内するなど親孝行をした。日本で初めて東ティモール出身者の博士が誕生したことが新聞に紹介され、広く知れわたった。そして、カンシオ教官と家族は満面の笑みを浮かべてディリ国際空港に降り立ち、大勢の教官や関係者の出迎えを受けた。

2. 学部の体制整備

待遇改善による勤務態度や意識の変化

　「夕方5時頃まで残っている教官が増えてきたな」。2013年3月に新しくJICA専門家として赴任した髙橋敦は、前任者がオフィスの窓からキャンパス内を眺めながらこうつぶやいていたことを覚えている。昼休みにご飯を食べるためディリの自宅に戻ってしまうと、戻って来ない教官が多かったが、待

遇やキャンパスの執務環境が良くなるにつれて教官の勤務状況や意識にも変化がみられてきた。

2006年の騒乱時から派遣され、東ティモールの治安維持にあたっていた国連東ティモール統合ミッションが2012年末に撤退完了。いよいよ国内情勢も安定してきた。また、近海で採掘されている石油と天然ガスを原資とする石油基金に支えられ、東ティモールの政府予算は順調に伸びていた。こうした政府予算の拡大は東ティモール大学の状況改善をもたらした。

風間はかねてより、教官が副業に忙しく、本業の授業をおろそかにしている実態を、ことあるごとにアウレリオ学長と話し合っていた。多くの教官は給料が安いために生活費を稼ごうと、授業以外の時間は副業にあてていたのである。これがJICAプロジェクトの活動の支障の1つになっていた。そこでアウレリオ学長は教育省、財務省とかけあい、長年の懸案となっていた東ティモール大学教官の給料問題の解決を図った。2012年、ついに教官の給与が約2.5倍に増額され、副業は原則禁止で平日9時から夕方5時までヘラ・キャンパスに勤務することが義務づけられた。アウレリオ学長は教官の副業を禁止し、「もし副業を続ける教官がいたら、即刻、大学を去ってもらう」と厳しい姿勢で臨んだ。

東ティモール政府の留学支援も活発化し、2014年、東ティモール大学教官を対象としたポルトガル留学の機会が突然アナウンスされ、工学部教官にも10名ほどの修士課程への留学枠が与えられた。それまでの日本、インドネシア、オーストラリアでの修士号取得に加えて、この時のポルトガル留学枠で、工学部の教官たちの多くが修士号を取得することとなった。そして、2017年頃までにポルトガルで修士号を取得した教官が徐々に戻ってきた。

副次的な話であるが、留学中に支給されていた、東ティモール政府からの奨学金を貯めた教官たちは、帰国後に彼らの念願である自家用車、家や土地の購入、自宅リフォームなどを行う余裕ができた。2016年頃までディ

リ市内からヘラ・キャンパスまで教官通勤用のワゴンバスが2台行き来していたが、そのうちそのバスの運行が見られなくなり、理由を聞くと壊れてしまって修理待ちとのことだった。以前ならこのことが学部内で議論になり、教官の出勤率にも影響がでるところであったが、すでに自家用車を手に入れた教官たちが多いため、特に大きな不満は聞こえずに、気づけばほとんどの教官が自家用車やバイクで通勤するようになっていた。

校内インフラ環境の整備

加えて、校内のインフラ環境も徐々に改善されていった。2013年当時、毎月数回は長時間停電があり、工学部内の敷地に設置してある大型のディーゼル発電機を動かしていた。発電機を動かす段階になって、ディーゼルオイルが足りない、買う予算がないなどで、停電が長引くこともあった。2015年にヘラに大型火力発電所が建設され、停電も徐々に回数が減った。今でも停電が全くないわけではないが、短時間に回復するようになり、その大型の発電機は現在使われなくなって埃をかぶっている。

また、インターネットも、大学側の使用料支払い遅延の問題などが一時的にはあったものの、大学本部はIT担当部署を新設し、トラブル対応には技師を派遣する体制を整え、ネット接続は安定するようになっていった。

これらの改善に伴い、以前は昼食後にキャンパス内であまり姿を見なかった教官も、今では夕方まで見かけるようになった。快適なインターネットの使用を求めて、誰もインターネットを使っていない土日を狙ってキャンパスで業務をする教官まで現れるようになった。

独立後すぐに実施した緊急無償資金協力により管理棟と2つの実験棟などの改修工事が行われたが、講義棟は上屋のコンクリートなどの破壊や損傷が大きいため改修できないとの判断がなされて放置されていた。その後、東ティモール側の予算で解体して更地にしたうえで、2019年に日本の無償資金協力事業で新校舎が建設された。

「衣食足りて礼節を知る」ではないが、教官のキャンパスでの滞在時間も長くなり、余裕が生まれ、プロジェクト運営会議、学部会議だけでなく、各教官が参加する学科会議なども時間どおりに出席者が集まり、定期的に行われるようになった。

4年制プログラムへの移行と教育の質の改善

　第2プロジェクト期間中の2012年に、工学部の教育プログラムが3年制から4年制へ移行することになった。この移行は重要なプロジェクト支援活動の1つであり、先に紹介したインドネシア人の教授が指導、助言を担当していた。しかし、2014年になって教育省から私立大学も含めた東ティモールのすべての大学における教育の質を担保するため、国家カリキュラムの制定が検討されることとなった。そして、ポルトガルでも施行されているヨーロッパ単位互換システムに基づくカリキュラムが導入されることになった。これまでインドネシア式のカリキュラム制度を運用しており、それが4年制になるだけと思っていた教官たちは、いきなりのヨーロッパ式への転換に戸惑った。この新しいカリキュラム制度においては、1つの学期の授業科目数を各学年6科目にすることになっており、これまでの科目を6科目に集約する必要があった。これは旧カリキュラムで指導していた科目を統合して科目数を減らす必要があり、自分の教える科目がなくなると思った教官たちは激しく抵抗した。しかし、大学本部に押し切られる形で、2014年には新カリキュラムが承認され実施されることになった。プロジェクト開始当初には想定していないことであったが、インドネシア人教授の学部運営指導もその流れに従って、ヨーロッパ式のカリキュラム導入についての議論がなされるようになり、問題点などを話し合った。

　4年制への移行時、大学全体の学則なども改められることになった。それまでは修学年限が特に設けられておらず、学生が授業を聴講するときは学期開始時に授業料を払って登録するが、聴講しないときは授業料を払わな

いので、何年でも大学に在籍することができた。が、新しい学則ではそれを最大6年と期間を定めたのである。この規定により、教官と学生の双方に所定修業年数内での卒業を目指す雰囲気が生まれ、60〜70％であった卒業率も80％台に改善された。

　プロジェクト活動で風間が最も腐心したのは卒論指導である。3年制までの卒論のテーマは、教官に事前の相談もなく学生だけで考えたテーマを教官に提案し、教官は自分の専門分野と関係ないテーマにも承認の可否を与える形になっていた。風間はこの方式による卒論の指導方法と質が大きな問題であると指摘していた。そこで、4年制に移行する機会を捉え、卒論のテーマは教官と学生が事前によく議論し、教官自身の専門分野からテーマを考案していく形へと変更するよう指導した。この方針は、日本の大学への留学経験を有する教官たちの後押しもあり、今では教官の指導分野、研究分野に沿ったテーマで卒論指導がなされている。

　このように日本の大学では常識であることも、東ティモール大学工学部教官にとっては意識改革を迫られた。特に日本留学組の教官たちは、これまで密な指導があまりなされていなかった卒論指導を改善し、日本式のゼミナール形式を導入。毎週、卒論生を集めて卒論経過を発表させていくスタイルなども、徐々にではあるが導入されていくことになった。少しずつではあるが、教官たちの意識、学生の意識も変わり、卒論指導体制が改善していくきっかけとなっていった。

委員会の創設による組織体制強化

　第2プロジェクトにおいては、教官の教育・研究能力向上支援だけでなく、学部運営の組織力向上も加えることとなった。組織としての能力強化が必要であったからである。大学本部は学部の規則を新たに作成していく中で、学部運営や学術活動を促進する委員会を学部内に設立することを規定しており、プロジェクト活動の1つとしても盛り込まれていた。2013年3月、

第2プロジェクトの中間進捗を確認する時期に赴任した髙橋は、これらの委員会が動き出していないことを確認し、何人かの工学部の幹部に「何が委員会設立を妨げているのか」を尋ねてみた。彼らの答えは、「大学本部からその委員会の設立指示があるのを待っている」とのこと。しかし、もともとこれらの委員会は、日々の学部運営のためにすぐにでも設立・開始しなければならないのは明白であった。

　髙橋は着任最初の仕事として、まずこの受け身的な姿勢が原因で止まっている委員会活動をなんとかできないかと考えた。工学部幹部は大学本部からの正式な通達という「形」にこだわっている。確かに学則は大学本部の正式な承認待ちではあったが、いずれ承認されて通達があるのは明らかであった。そこで、まずは委員会設立の「事前準備」という名目で開始すべくガブリエル工学部長に準備委員会の設立を持ちかけてみたところ、あっさりこのアイデアを了承してくれた。

　次に問題になったのが、これら委員会のメンバーの選定である。第2プロジェクト開始当初、教官の教育能力向上のための、ファカルティ・ディベロップメント委員会（（FD委員会）を創設したが、委員に任命された教官達から委員としての手当を要求され、頓挫した苦い経験がある。そこでメンバーの範囲を、もともと役職手当が支払われている者に限定することにした。副学部長や学科長は役職手当をもらっており、委員会メンバーとなって出席することは業務範囲内だという説明で通した結果、大した抵抗もなく、委員会招集に応じてくれるようになった。

　その後、2014年には学部運営委員会と学術委員会が記載された学則が正式に承認・施行され、正式な委員会として発足して今も活動が継続されている。

「連携ユニット」の創設により連携活動を強化・促進

　東ティモール大学工学部には、機械工学科、土木工学科、電気・電

子工学科など複数の学科が存在するが、設立当初から学科としての縄張り意識が非常に強い。例えば、JICAプロジェクトが工学部としての時間割などの文書様式の統一化を何度も試みたが、各学科のプライドのようなものがあり、受け入れられず、むしろ他学科と違うことを誇りとする傾向が強かった。

　なんとかその縦割り意識を打破し、学術面では学科横断で活動ができるよう、2016年に第3プロジェクトを立ち上げるタイミングで、「連携ユニット」という組織を工学部内に設置し、工学部5学科が連携して活動を実施していくことを目指した。連携ユニットの主な役割は、学部横断の研究活動の促進と情報共有、JICAを含めた外部機関との連携・協力活動の窓口役である。これまで各種セミナー・イベント、就職情報など、学科ごとで対応していた外部とのやりとりを常に連携ユニットを通して行うようにすることで学科間連携の向上を目指した。

　初代の連携ユニット長には、工学部紀要の初代編集長でもあり、副学部長でもあったカンシオ教官が就任した。連携ユニットはカンシオ連携ユニット長の下、教官による研究プロポーザルの公募、日本の支援大学とのプロポーザル合同審査・採択、また工学部紀要の発刊など、少しずつ業務内容を充実させていった。

　研究連携では学科横断の研究連携グループを立ち上げた他、個々の研究も常に連携ユニットに登録することとし、教官個人や各学科の研究活動を、工学部幹部が常時把握できるようになった。具体的な活動としては、公開研究セミナーや特別講演の開催、共同研究の実施、工学部紀要発行による研究成果の外部発信などである。これまでの教官の研究は、個人または同じ学科内の共同研究の域に留まり、学科の垣根を超えた共同研究、ましてや外部との共同研究や情報発信は行われてこなかった。

　また、省庁やNGOなどの外部団体から指導講師としての教官派遣の依頼に対して、連携ユニットが窓口になって対応している。以前であれば、

例えば、最初に機械工学科に問い合わせがきてしまうと、機械工学科の範囲だけで対応して他学科には情報共有がなされなかったが、学科横断の連携ユニットが窓口になったことで、要望の内容に応じて、複数の学科からの合同講師派遣などが実現している。

　今でも学科ごとに張り合うことがあり、連携ユニット長は苦労することがあるようだ。ただ、これまでは、何かあると髙橋に文句を言ってきていた教官が、直接連携ユニット長に意見具申するようになってきた。これは東ティモール人教官が連携ユニット長となって教官同士で意見を出し合い、議論し、決定しながら活動することで、工学部内の組織として連携ユニットがしっかり根付いたことの証である。日本人専門家はなるべく黒子に徹するようにしており、髙橋は学科長同士で顔を合わせる機会を意図的につくるなど、なるべく表に出ないで教官同士が話し合うように仕向けてきた。

　連携ユニットでつくられている共同研究活動の研究分野は、今後、工学部が設立を目指す大学院修士課程の専門分野とつながっていくことになり、将来に向けて連携と発展を続けていく土台となっている。

サイクロン「セロージャ」の襲来

　「バババババン」——髙橋の自宅のトタン屋根は滝のような豪雨に叩かれ、その日の夜は一睡もできなかった。2021年4月4日の夜、サイクロン「セロージャ」が襲来し、インドネシアの一部と東ティモール全土は激しい風と豪雨に見舞われ、東ティモールに未曾有の災害が発生した。

　翌朝、刻々と被害情報を伝える地元メディアのFacebookを眺めていると、驚きの光景が目に飛び込んできた。見慣れている日本国大使館前の道が陥没して、滝のように雨水が流れている。ディリ市内で一番大きなコモロ川沿いの住宅が流されている。被害状況がだんだんと分かってきて、日本国大使館からも在留邦人の安否の確認が行われた。現地邦人が滞在中のアパートでも、朝、気づけば膝上ぐらいまで水が部屋に入り込んでおり、

スーツケースがプカプカ浮いていたとのこと。幸い、現地邦人はみな安全な場所に避難して無事であったが、家具や家電製品、車などが浸水してダメになってしまった人もいた。

　地元メディアでは、政府機関の洪水支援活動が広報され、国家開発庁長官自らが現場で支援活動を指揮する姿もみられた。長官は東ティモール大学土木工学科教官でもあり、JICAの支援で広島大学にて修士号を取得している。日本で学んだ人材が、国家の災害危機にあって陣頭指揮する姿は、非常に頼もしいものであった。

　洪水が起こった日は、まだ新型コロナウイルス感染症対策のロックダウンが行われている最中であり、生活用品を販売するスーパーなどを除いては店の営業が許されておらず、不要不急の外出は禁じられ、行動が制限されていた。しかし、政府は急遽、支援活動のための資材を売る店の開店を許可するなど、ロックダウンを一時的に緩める決定を行った。洪水被害は最終的に死者44名、家を追われた避難住民は3万人に上った。

　髙橋はこの東ティモールでの洪水被害を日本のプロジェクト関係者に連絡した。さっそく土木工学科を支援している山口大学工学部の教授から返信があり、「この洪水被害を日本のニュースで知り大変心配している。もし東ティモール大学工学部が洪水調査活動を実施するのならば、ぜひ支援したい」とのことであった。そこで髙橋はすぐに土木工学科の学科長や山口大学工学部で博士号を取得したばかりのベンジャミン教官に連絡をとった。山口大学からの意向を伝え、調査活動を開始する意思を確認すると、ぜひ実施したいという。すぐに土木工学科長が招集をかけ、土木工学科教官と有志学生が集合することになった。

　洪水被害調査は、どこまで浸水したかを示す浸水実績図や、今後の防災のための浸水ハザードマップを作ることを主目的として行われた。土木工学科教官たちは、JICA東ティモール事務所に集まり、オンラインで山口大学と調査方針・方法について協議し、学生と一緒に現場に出て被害状況

の確認を行った。東ティモールでは毎年雨期に川や用水路の氾濫があるものの、すぐに水が引いてしまう特徴がある。この時も増水時の被害は大きかったものの、洪水の水は2日目には引いてしまっていた。このため、家の壁や橋桁に残っている残留物の跡をたどりながら洪水当時の水位を確認し、浸水地図を作成した。調査は2週間ほど続き、学生や教官各自が撮影した写真データは、山口大学が作ったインターネット上の共有ファイルホルダーに保存され、調査結果の分析、報告書作成に用いられた。

　ちなみにこの東ティモールを襲ったサイクロンの名前、セロージャ（Seroja）はインドネシア語で蓮（Lotus）の意味であり、インドネシアの気象関係の機関が命名した。1975年のインドネシアによる東ティモール侵攻もセロージャ作戦（Operation Seroja）と命名されており、同じ名前だったのは偶然なのだろうか…。

ベンジャミン教官が洪水インフラ調整官に

　すでに述べたように工学部では学科間で情報共有・連携して協働していくことがあまり行われてこなかった。仲が悪いわけではないのだが、プライドが邪魔するのか、なかなか連絡を取り合わない。実は土木工学科の調査から少し遅れて、地質・石油学科の教官も学生実習を兼ねて、学生と独自調査に乗り出していた。同じ首都圏の洪水被害調査を行っていたので、データを共有し合えばより広範囲で効率的なデータ収集が可能になり、調査の精度も上がる。そこで髙橋は一計を案じ、両学科をつなげることを試みた。

　まず地質・石油学科の教官に電話をして状況を確認しつつ、そういえば横に土木工学科のベンジャミン教官がいると偶然を装ってその通話の音声を大きくして複数名で通話できるようにし、地質・石油学科、土木工学科と髙橋の三者で話をし、双方に調査データの共有を話し合ってもらった。ベンジャミン教官は研究活動だけでなく調整能力にも長けていて、地質・石

油学科は洪水調査データの共有に同意。2つの学科で同じデータをそれぞれの視点から分析し、有意義な調査活動を行うことができた。

　東ティモールの首相はこの未曾有の洪水災害被害において、現場での視察を迅速かつ精力的に行った。そんな中で、首相は関連省庁を束ね、政府の洪水インフラ対策の中心になる専門家が必要であると考え、教育省を通じて東ティモール大学から防災専門家を任命するよう指示を出した。さっそく教育大臣、東ティモール大学学長、工学部長が協議した結果、すでに洪水調査を実施している土木工学科のベンジャミン教官に白羽の矢が立った。

　ベンジャミン氏は、政府洪水インフラ対策調整官として洪水対策に関する省庁を束ねる要職に就任すると、洪水調査をまとめ、首相やインフラ担当副首相、公共事業省や国家開発庁などに洪水被害調査結果を共有した。日本国内向けには、山口大学の地域防災・減災センターが主催するセミナー「東ティモール洪水緊急報告会」を通じて、日本の防災関係者にも広く情報発信がなされた。

　ベンジャミン氏は、今後の東ティモールでの防災対策を検討するにあたり、基本的な雨量データや水位変化データなどの蓄積がないことを常々課題として認識していた。そこで、髙橋は山口大学と相談し、ベンジャミン氏

日本国大使館前の道路陥没

山口大学との洪水調査方針打ち合わせ

洪水被害調査　　（東ティモール大学教官提供）　インフラ担当副首相への報告会

がリーダーを務める工学部防災研究グループ活動の一環として、山間部での雨量計設置や、首都の主要な河川への水位計とモニタリングカメラの設置を計画し、プロジェクトで支援した。

　アメリカのNGOもディリ市内の河川や郊外に観測機器を設置しているが、これは住民向けの早期警報システムを構築することを主目的としている。工学部においては防災研究面での貢献、中長期的な防災対策に学術面から貢献していくことを想定している。今後、他の機関の防災対策活動とも連携し、研究の成果を住民の命を災害から守ることにつなげていきたいと考えている。

3. 卒業生の活躍

工学部卒業生への期待の高まり

　JICAが工学部支援を開始して約20年。その支援による施設・機材整備の向上や研究業績の成果により工学部は、他学部や私立大学からも一目置かれる存在となり、工学部の卒業生には社会貢献の期待が高まっている。髙橋が卒業生に聞いたところによると、JICAの支援があるということは日本並の教育・研究が行われている証で、工学部は入学時の希望学部として人気が高いとのことであった。政府の方針もあり、独立紛争に参加

した元兵士の子息は東ティモール大学への推薦入学が認められている。2019年に政府の方針で、一時的に元兵士の子息の募集枠を拡大したところ、工学部には例年の3倍ほどの推薦入学希望者があった。学生のみならず、親の期待も高いことが分かる。また、他学部から工学部への転学部希望者も多いと聞く。

　卒業生の就職を後押しするべく、連携ユニットでは企業関係者を招聘してセミナーを開催している。特に石油関連分野の企業は、学生への就職セミナーを通じてリクルート活動も行っている。例えば、東ティモールの石油公社や外資系の石油会社では、優秀な卒業生を工学部に推薦してもらい、約1年間のインターンシップを国内と海外で経験させ、その後、社員としての採否が行われている。

　また、卒業生の産業界へのアピールのため、卒論の成果ポスターを一般公開して、積極的に就職率の向上にも努めている。

　現実的には東ティモール国全体としての産業の発展は伸び悩んでおり、民間の就職の受け皿はまだ小さい。しかし、唯一の国立大学工学部として、政府機関での高度技術者としての需要は高く、公共事業省や電力

一般公開の卒論ポスター発表で説明する卒論を執筆した学生

公社などで働く卒業生も多い。日本によるインフラ整備事業において、日系コンサルタント会社が現地の技術者を採用するが、工学部卒業生には優秀な者が多く、プロジェクトが紹介したインターンの学生がそのままその会社に雇用されることもある。海外の優秀な技術者と肩を並べ得るような技術者の輩出元として、東ティモール大学工学部卒業生への期待はどんどん大きくなってきている。

優秀な卒業生が教官として活躍

工学部では、優秀な卒業生を教官や技官に採用している。第1プロジェクトが開始する前の2000年代半ばに大芝に見出され、当時アシスタントとして採用された若手教官は、現在、カンシオ教官を筆頭に、工学部の教育・研究を牽引する中堅人材となっている。アシスタントとして採用された当時は、工学部の3年制大学卒業の学士であったが、現在は博士号を持つ者

人材育成事例

カンシオ・モンテイロ教官
東ティモール大学工学部
電気・電子学科教官

副学部長(2016-2021)
（研究・連携担当）
連携ユニット長
工学部紀要編集長

2010-2015年
岐阜大学留学
修士・博士号取得
（LSIに関する研究）

2005-2010年
アシスタント教官

東ティモール大学工学部　　　〜工学部卒業生から教官、そして次世代育成へ〜
首席卒業（2005年）

JICAプロジェクトによる人材育成例（カンシオ・モンテイロ工学部教官の経歴）

が3名もいる。彼らの中から、すでに副学部長になったり、学部長候補になる者まで現れた。学部長選挙で、彼らの中から学部長が選ばれる時代がすぐそこまできている。

　2016年の第3プロジェクト開始時、JICAが供与した機材をしっかりと管理してもらうために、優秀な卒業生から各学科2名ずつ、機材管理を担当する技官を期限付きで採用した。採用された若手技官たちは早速プロジェクトを通じて日本の大学で短期研修を受け、将来は正規教官になりたいと頑張っている。その時採用された技官の1人だった土木工学科出身のエルフレッドさんは、土木工学科での技官を経て、東ティモール大学の支援によりベタノに設立された国立ベタノ技術学校の正規教官となった。彼は現在、文部科学省の奨学金を得て、山口大学の修士課程に留学している。

　髙橋は普段は学生と関わりあうことが少ないが、このエルフレッドさんについては学生時代からよく覚えている。彼がまだ土木工学科2年生のとき、プロジェクトで開催した研究セミナーに急遽登壇したことがあるからだ。研究発表を予定していた土木工学科教官が所用で急遽出席できなくなり、英語が堪能なエルフレッドさんに教官が発表を任せた。英語が不得手な学

山口大学に留学中のエルフレッド教官　　　　　　　　　（エルフレッド教官提供）

生が多い中で、堂々と英語で発表していたのが印象的だった。それ以来、髙橋個人としても目をかけていたが、無事に日本の大学に留学してくれたことを大変嬉しく思っている。今後の将来計画を尋ねると、引き続き山口大学にて博士号取得を目指したいとのことで、将来が楽しみな青年である。

　ベタノ技術学校には彼のほかにも土木工学科卒業生が7名在職し、学生の指導にあたっている。工学部で育った人材が東ティモールの他の高等教育機関でも活躍し、この国の若手技術者の育成に大きく貢献している。

毎年200名の人材を輩出

　東ティモール大学工学部は毎年約200名の卒業生を輩出している。ここで、東ティモールの各界で活躍し、第3プロジェクトの活動にも貢献している卒業生4名を紹介したい。

①重機整備管理公社総裁になったエルメネギルダさん

　機械工学科出身のエルメネギルダさんは現在、重機整備管理公社の総裁である。工学部で開催された機械系のセミナーで来賓として招待され、スピーチする姿を見たのが彼女を知るきっかけであった。聞けば、工学部でも一番女性が少ない機械工学科を2008年に卒業し、重機を扱う男性整備工が多く在籍する組織の長として活躍しているという。「なぜ機械工学科を志望したのか」と聞くと、実家はミニバスや小型トラックなどの車両を所有し商売をしていたので、自動車整備士が車を修理・メンテナンスしているのを身近に見る環境だったとのこと。「小さい頃は、自動車整備をしている整備士たちにコーヒーと工具を持っていくのが毎朝の私の仕事だったのよ」と笑う。

　当時、機械工学科に入学した女子学生は6名（学科全体50名）で、そのうち卒業できた女子学生は彼女を含め3名だけだった。両親からは女

だてらに機械工学科に入学しようとするのを反対された。なんとか両親を説得して入学は許してもらったものの、金銭的な支援はあまりしてもらえず、1日1ドルをもらってミニバスで通学し、お昼ご飯は大量にカップ麺を買い置きしておいて少しずつ食べたとのこと。

工学部卒業と同時に重機整備管理公社に就職、その後、10名が応募したというJICAの重機操作管理に関する研修に英語の試験が優秀だったことで見事選ばれ、横浜で1年ほど重機に関する研修を受けた。その後、海外の大学で修士号を取得する機会を得ている。今度は日本で博士号を取りたいと意気込んでいる。

重機整備管理公社には、東ティモール独立後に支援に入った日本の自衛隊が持ち込んだ重機が残されており、管理活用されてきた。現在も自衛隊OBが組織する日本地雷処理・復興支援センター（JDRAC）という日本のNGOから重機操作指導などの支援を受けている。

エルメネギルダさんが通った当時の工学部の状況を聞くと、「2003年、日本の支援のおかげで校舎が改修されてヘラ・キャンパスで授業を受けられるようになって、私たちはラッキーだった」と話す。焼けた校舎のリハビリだ

重機整備管理公社の総裁を務める機械工学科出身のエルメネギルダさん

けでも学生にとっては授業再開を意味し、大変喜ばれていたようである。

　彼女の組織の業務は重機を用いてインフラ事業に貢献することであり、2021年4月4日に東ティモールを襲ったサイクロンによる災害復旧に対応するなど、自然災害の多い東ティモールでの役割はますます重要になっていく。機械工学科で学び、また日本での研修などを通じて得た知見をいかんなく発揮し、国の発展に寄与する重要な役割を担っている。

②東京オリンピック水泳代表のイメルダさん

　次に紹介するのも女性である。土木工学科出身のイメルダさん。なんと言っても彼女が異色なのは、2021年東京オリンピックの東ティモール水泳代表選手ということである。東ティモールではまだオリンピック競技はそれほど認知されておらず、大学内であまり広報されなかったこともあり、高橋は在学中の彼女の存在を知らなかった。彼女は小さい時から地元バウカウ県のプールで泳ぎに馴染み、高校生の時に水泳の留学生に選ばれ、タイに1年間水泳留学した。そこでオリンピックという世界があることを知り、水泳で世界を目指すようになった。現在、現地で重機の整備士を育成する日本の

東京オリンピック会場でのイメルダさん　　　　　　　　　（イメルダさん提供）

NGO、JDRACのスタッフとして働いている。

　残念ながら東ティモールでは、まだ職業として水泳選手が収入を得ることは難しく、水泳は趣味として続けつつ、将来は土木関係の仕事に就きたいとのことだった。2018 ～ 2019年の工学部の新校舎建設では建設現場がキャンパス内であったため、非常に興味を持って見学していたとのこと。中でも、新校舎建設現場での施工管理者が日本人女性であり、女性でも建築現場で中心となって活躍している姿に感銘を受けたという。日本の工学部支援にはとても感謝しており、このような機材が揃った大学は東ティモールでは他にない。日本の専門家の活動を見学したことはあるか尋ねると、「日本人専門家が工学部教官と一緒に土質実験のデモンストレーションをしてくれた」と、非常に嬉しそうに語ってくれた。水泳競技や後進の指導は趣味として続けるとのこと。文武両道を地でいく彼女の今後が楽しみである。

③ベンチャー企業経営者のマリトさん

　次に紹介する卒業生は電気・電子工学科出身のマリトさんである。彼は2008年に電気・電子工学科を卒業。その時、4年で卒業できたのは彼を含め3人だけだったとのこと。韓国に留学する機会を得て博士号まで取得し、現在は東ティモールで代替エネルギー事業のベンチャー企業を経営している。現在のヘラ・キャンパスの発展ぶりに目を細め、自分の時代にはな

代替エネルギー事業のベンチャー企業を経営する
電気・電子工学科出身のマリトさん

かった新校舎が建って非常に嬉しいという。

　彼は工学部が開催した学術セミナーに参加していたとき、髙橋に話しかけてきて、「学生の頃、日本人専門家が直接学生を教える機会はなかったが、専門家が校内を歩いて教官に声がけしながら指導してまわる姿が非常に印象的で頼もしく見ていた」と語ってくれた。彼は民間所属ながら工学部紀要にも論文を投稿し、東ティモールのエネルギー業界への貢献に胸を膨らませている。工学部出身を誇りに思い、工学部の発展にも貢献したいとのこと。今後、工学部と連携しながらエネルギー分野での活躍が期待される。

④外資IT企業に勤めるアフォンソさん

　最後に紹介する卒業生は、情報工学科出身のアフォンソさん。彼は2017年卒業で、第3プロジェクトのアシスタントとしてしばらくプロジェクト活動を手伝ってもらった。非常に勤務態度が良く、仕事の能力も高かった。現在はディリ市内にある外資IT企業に勤める。

　JICAによる情報工学科の支援は第3プロジェクトからである。彼によると、「日本で留学した教官が新しい知識を教えてくれるので、日本留学から戻った教官の授業が非常に楽しみだった」とのこと。「日本の先生方が、学生向け特別講義でAIのメカニズムや事例などの新しい知識を教えてくれたおかげで、東ティモール国内の大学生向けITコンペティションで賞を取ることがで

外資IT企業に勤める情報工学科出身のアフォンソさん

きた。他の私立大学では日本の先生方が教えてくれるような最新技術の知識に触れることがないので、東ティモール大学の情報工学科は恵まれている」と嬉しそうに話してくれた。現在は、所属の企業が展開するITを使った観測機器などの据え付け作業のコーディネーターを務めている。「今後、機会があれば、さらなる高みを目指して修士課程に進みたい。日本が支援する東ティモール大学工学部に修士課程ができれば、そこで勉強したい」と意気込みを語ってくれた。彼はプロジェクトアシスタント時代、髙橋の指示した作業のその先を自ら考えて行動して結果を出してくれ、非常に将来性を感じさせてくれる人材であった。ぜひ、さらに勉強して今後も東ティモールの産業発展に貢献してくれることを期待したい。

このように、独立後いち早く日本が東ティモール大学工学部支援に乗り出したことにより、独立から20年経った現在、東ティモール大学工学部は優秀な卒業生を毎年約200名近く、東ティモール社会に輩出することができている。工学部で勉強した者同士は先輩後輩のつながりを大切にしており、また、卒業しても教官たちとつながっている。これらのネットワークをうまく活用して工学部OBとして、しっかりと国づくりに貢献してもらいたい。

4. プロジェクト発展の功労者

強いリーダーシップのアウレリオ学長

東ティモール大学工学部支援プロジェクトでは、学長はプロジェクト・ディレクターであり、プロジェクト活動の最高意思決定機関である合同調整委員会の委員長である。委員長はプロジェクトの方針や事業枠組み、活動内容とその実施に関して極めて重要な役割を担っている。風間が約20年間協働してきたこれまでの学長の中で、最もプロジェクトと関わりが深く、影響力が強かったのが、2011 ～ 2016年まで就任していたアウレリオ学長である。

　風間がアウレリオ学長に最初に会ったのは2008年5月。当時、彼は国際担当の副学長で、東ティモール大学とインドネシアのスラバヤ工科大学（ITS）が学術交流協定を締結するために一緒にITSに行った時である。この協定の内容は、ITSの教官による東ティモール大学工学部教官に対する講義の実施、工学部教官をITSに派遣して4年制学士の資格を取得させることなどであった。この協定はプロジェクト活動に密接に関係するので、風間は立会人として協定書に署名した。

　プロジェクトオフィスは定期的に活動状況と今後の計画を学長に報告した。その時、教官の出勤率が低いことを指摘し改善を求めたところ、「教官は子どもじゃないのだから、首根っこを捕まえて職場に連れていくわけにはいかない。それは私の仕事でなく、本人たちの問題だ」と冷たく返された。また、教官が10名も突然ポルトガルに留学することになり、支援活動に支障が生じて困ると伝えたところ「留学から帰ってくる教官もいるから何の問題もない」とあっさりと返された。このように学部の問題に対しては各学部が対応すべきという考えであった。しかしながら、プロジェクトの活動に反対することはほとんどなく協力的であった。

　日本の支援大学からの専門家が学長を表敬訪問すると、学長はにこやかに迎えて支援に対するお礼を述べ、大学の名前入りのタイス（東ティモール伝統の織物）のストールを記念品として贈った。プロジェクトの終了時には、工学部長に日本の関係者に対する感謝の気持ちを込めて送別会を行うよう指示し、彼自身も出席すると共に多くの工学部教官も出席し、盛大な送別会を催していただいた。強面で取り付きにくいところがある反面、意外と細かいことに配慮する人でもあった。

　2012年5月、国際担当の副学長、ガブリエル工学部長らと共に本邦支援大学を訪問し、支援のお礼を述べると共に、引き続きの協力を依頼。IT関係の設備や運用について大変関心を持ち、熱心に説明を聞いて東ティモール大学に同様の設備を導入することを要望した。

アウレリオ元学長

アウレリオ元学長から専門家にタイスの贈呈

　アウレリオ学長の最大の特長は強力なリーダーシップで大学を牽引し、運営面の改善と発展に努力した点である。特に、長年にわたって東ティモール政府に交渉して教官給料を約2.5倍に増額し、教官の副業禁止などの服務規程を定めた功績は大きいといえる。

　学長は弁舌さわやかに滔々と話すことが多く、途中で口を挟むことができないほどであった。機嫌の悪いときは外国人の訪問でも仏頂面のままで、訪問者の反感を招いた。学長のリーダーシップが強すぎることと、学内の教職員に厳しく接することで反感を買ったためか、学長選挙で再選されなかったが、学長退任後も大学運営のアドバイザー的な役割を担っているようである。

　工学部の教官によると、学長は風間が20歳も年上のプロジェクトの現場責任者であり、ほぼ順調に支援活動を続けていることから常に一目置いていたようである。風間に大学からの感謝状の贈呈や卒業式の主賓の祝辞を依頼したのも、学長のようである。このようにアウレリオ学長はプロジェクトと密接な関係にあり、その存在が大きかったといえる。

ガブリエル工学部長の訃報

2021年3月3日、髙橋は工学部教官がよく近況をアップしているFacebook

を眺めていた。東ティモール大学のFacebook公式サイトにたどり着き、訃報の知らせである紫系の花束に囲まれた顔写真を見て、「あっ」と息を呑んだ。その写真はつい先日学内で会ったばかりのガブリエル氏であった。元気な姿を構内で見たばかりだったので、何かの間違いではないかと驚いて他の教官に確認してみたが、やはり本人であった。

　JICAの技術協力プロジェクトでは、プロジェクトの支援を受ける側（途上国側）が中心となって活動を実施していくべきものというオーナーシップの考えから、相手国政府関係者に一義的な決定権がある。東ティモール大学工学部支援プロジェクトにおいても、プロジェクトの基本方針を決定する権限を有する学長がプロジェクト・ディレクターを、日々の事業運営実務をつかさどる工学部長がプロジェクト・マネージャーの役割を担っている。中でも、第1プロジェクトから第2プロジェクトまでの長きにわたってプロジェクト・マネージャーを担ったのが、ガブリエル氏であった。

　髙橋が初めてガブリエル氏に会ったのは、赴任間もない頃に開催されたセミナー会場であった。セミナー会場に入り、彼が工学部長だと紹介されて振り返ると、壁の椅子に1人の教官が座っていた。挨拶はしたもののニコッとしただけで何も返答なく、後でこっそりと「本当に彼が学部長か」と確認したほど最初の印象は薄かった。聞くところによると、調整型のマネージャーとのことであった。しばらく業務で付き合ってみると、なるほど評判どおり、アウレリオ学長や風間の前ではいつも控えめな人であった。

　ただ一度、彼を怒らせてしまったことがある。第2プロジェクトでは、第1プロジェクトで実施した教官の教育・研究能力の向上だけでなく、学部運営向上の研修も活動に追加された。髙橋はその研修計画の立案を任されており、4名の副学部長をインドネシアの大学に派遣することを検討していた。そこで研修スケジュールを考え始めるにあたり、もし副学長たちがインドネシアに研修に行くとしたらいつ頃が都合が良いのか、髙橋はそのときたまたま近くにいた副学部長の1人に軽い気持ちで聞いてみた。それから数時

間後、髙橋の携帯電話の呼び出し音が鳴った。通知を見るとガブリエル工学部長である。あまり電話連絡をもらうことはないので、何か急用かと思って電話に出てみると、開口一番「髙橋、副学部長たちのインドネシアへの研修渡航は認めない」と、静かだが怒気を含んだ声だった。

最初、なぜ彼がいきなりそう言うのか状況が理解できなかったが、再度、「学部長として、研修渡航を認めない」と繰り返され、ようやく彼の怒りの意味を理解した。髙橋が都合を聞いた副学部長がガブリエル工学部長に、これもまた軽い気持ちで「髙橋に研修渡航の日程希望を聞かれた」と話してしまったのだった。「学部長である自分を差しおいて副学部長に海外研修の打診をするなんて」と、彼の逆鱗に触れたのであった。髙橋はすぐに学部長室に飛んでいき事情を説明し、軽率なことをしたと謝った。海外研修が教官たちにとって非常に大きな関心事で、またセンシティブな話であることを改めて認識し、うかつに副学部長に話をしてしまったことを深く反省した。

この件のあと、ガブリエル氏は昔の大芝による若手育成重視に強く反発した1人であることを知った。彼のシニア教官としてのプライドと組織経営に対する責任感がそうさせたことは容易に想像できた。

ただ、普段はいたって温和で、定例会議においてもプロジェクト進捗を丁寧なプレゼンテーションで説明してくれるなど非常に協力的であった。個性的な教官が多く、まとめるのが大変な工学部をここまで発展させた功労者であることは誰も異論を挟まないであろう。

彼は2015年に学部長職を後任に

ガブリエル元工学部長

譲ると、ポルトガルへ博士号を取りに留学した。彼のポルトガル留学を支援した学長補佐によると、その素直な性格からポルトガルの教授と良好な関係を築いていたようで、これまでポルトガルの博士課程に留学した教官の中では最短で博士号を取得して戻ってきた。2019年に工学部に戻った後は、第3プロジェクトの研究活動に積極的に参加し、彼の博士号のテーマであった気候変動に関し岐阜大学の教員と共同研究を行っていた。

　2020年には新しい学長から大学院担当の副学長に任命された。工学部はまさにこれから大学院設立を計画していたところで、大学院担当の責任者にガブリエル氏が就任したことは大変頼もしいことであった。しかし、冒頭のとおり、前日まで元気に働いていたガブリエル氏は突然の心臓発作で帰らぬ人となった。亡くなるつい3日ほど前、オンラインでガブリエル氏に研究指導をした岐阜大学教授も突然の訃報に大変驚いていた。彼の留学先はポルトガルであったが、3回ほど渡航した日本を気に入ってくれて、日本はとても綺麗な国だといつも日本贔屓（びいき）であった。日本の緑茶とクッキーのシガールが好きで、お土産に渡すといつも大変喜んでくれた。

　これから大学院担当副学長として、また、機械工学科の博士号保持者として、工学部修士課程設立への貢献が期待されていた中、工学部にとって彼の損失は計り知れない。

　工学部では彼の功績を称え、新校舎の講堂に彼の名前を冠することを検討している。

　私のJICA職員としての初出張は2007年8月の東ティモールだった。東ティモール大学工学部支援プロジェクトの担当者であり、治安状況の不安定化で2006年5月に中断したプロジェクトの再開を果たすために、先輩職員たちと共に現地入りした。設備も機材も不十分な中で、教官たちのJICAの協力への熱い期待が印象に残っている。その思いを受けて、私は工学部の機能強化に向けて、工学部内の定期的な会議として教官全員を対象とした全体会合や、学部会議・学科会議などを行うことを提案した。個々の教官のモチベーションや考える方向性をまとめ、学部全体への情報共有や意見交換の枠組みをつくる必要があると感じたからであった。また、私自らが大学院時代に平和構築を学んだため、紛争後の復興期にある東ティモールのような国において、人道支援につながる短期的な復興協力の必要性のみならず、長期にわたり国を支える人材育成の必要性も感じていた。

　その後、プロジェクトの現場責任者として風間チーフアドバイザーを派遣したり、長岡技術科学大学・埼玉大学・岐阜大学からの協力再開、本邦大学教員の現地派遣などに取り組み、プロジェクト担当部での2年間の業務を終えて、2009年7月に他部門に異動した。

　その後、10年の時を経て、2019年11月、私は再び東ティモール大学工学部支援プロジェクトを所掌する部に戻ってきた。業務総括職員の立場として、若手職員を指導・助言しながらプロジェクトに携わることになった。

　東ティモール大学工学部も、その後の10年にわたる技術協力や新校舎建設などの無償資金協力事業を経て、拠点大学としての機能が強化されていた。また、当時の問題意識が形となって、上記の教官の定期的な会議が新キャンパスで実践され、教官同士がコミュニ

ケーションを取りつつ積極的に現場に出て、地域の開発課題解決への貢献、ひいては持続可能な開発目標（SDGs）の解決に資する役割を担っていた。

　具体的には、2021年の洪水災害の対応は、土木工学科と地質・石油学科の連携に山口大学が協力するという災害対応の好事例となっていたし、SDGsをリードする国連開発計画（UNDP）とも連携を進めていた。さらに何より嬉しかったのは、2007年の出張時に出会っ

日本留学経験教官の大学工学部と行政機関の兼職

ビクトール・ソアレス教官
　石油・鉱物資源省大臣
　長岡技術科学大学修士号取得
　機械工学科所属
　（元教育副大臣、元工学部長）

パウロ・ダ・シルバ教官
　東ティモール電力公社総裁
　長岡技術科学大学博士号取得
　機械工学科所属

ルーベン・ジェロニモ・フレイタス教官
　国家電力規制庁長官
　岐阜大学博士号取得（論文博士）
　電気・電子工学科所属

マリアノ・レナート教官
　国家開発庁長官
　広島大学修士号取得
　土木工学科所属
　（前公共事業省副大臣、元工学部長）

ベンジャミン・マーティンス教官
　政府洪水インフラ対策調整官
　山口大学博士号取得
　土木学科所属
　（元副学長）

た高い志を持った教官たちが、その後、日本で学位を取得し、東ティモールに戻って国・大学を支えていたことである。ビクトール・ソアレス教官が石油・鉱物資源省大臣、パウロ・ダ・シルバ教官が東ティモール電力公社総裁、カンシオ・モンタリオ教官が副工学部長、トマス・ソアレス・ザビエル教官が副工学部長になっていた。人材を育成し、国を発展させ、平和を維持すること。私自身、平和構築にもつながる高等教育協力の意義を、時を経て実感する機会となった。時間をかけても寄り添いながら協力するJICA協力の意義もここにある。

　こうした成果のもと、現在、東ティモール大学工学部は大学院の設置を検討している。現地に出張し、工学部教官の思いを汲み取りながら、大学院設置について協議をする若手JICA職員の姿に、当時の私自身の姿を重ね合わせていた。そして私はいま、東ティモールの発展を支え、さらにアセアンの大学ともつながる大学へと、東ティモール大学工学部の10年後の姿に思いを馳せている。

第 6 章

将来展望と期待

　20余年間の協力の中で、東ティモール大学工学部は大きな発展を遂げた。東ティモール社会の発展に貢献する高度人材を輩出する教育体制の整備がなされたのである。

　しかしながら、それはまだ道半ばである。「国家百年の計」とあるように、国内唯一の国立大学として、国の発展を担う人材の育成のために、刻一刻と変化する国内外の情勢を踏まえつつ、常に高みを求めて努力をしていくことが求められる。

　本章では支援活動を開始して以来約20年間の成果を踏まえつつ、東ティモール大学工学部によるさらなる取り組みへの期待をまとめた。

産業の転換と多角化を推進する人材の育成

　東ティモールの主な産業は、石油、天然ガス、農産物のコーヒー豆、米、ココナッツ、トウモロコシ、芋類などである。東ティモールの政府予算の80〜90%は石油・天然ガス収入に依存しているといわれている。政府の「戦略的開発計画」によれば、2030年までに持続可能な経済を構築することを最大目標に、近い将来に枯渇する石油、天然ガスに依存する経済から脱却。産業の転換と多角化を推進し、国内雇用の増加と持続可能な経済成長を目指す戦略を立てている。しかしながら、政府の掛け声に反して、産業の転換と多角化およびその結果としての雇用の増加はあまり進んでないといえる。

　これには幾つかの原因があり、その1つが産業転換や多角化を推進する人材が多く育っていないことである。インフラ事業のほとんどが外国企業に頼らざるを得ず、そこで必要な技術者の多くはインドネシアやフィリピンなどからの人材である。東ティモールには建設分野の大学卒業生は多いものの、実務にすぐに役立つ技術者や高度な技術を持った人材が大幅に不足している。ある外国企業によると、業務を通して東ティモール人を育てたいが、多くの時間を要するので外国人に頼らざるを得ないという。また、東ティ

モールのある企業はできるだけ東ティモール人を育てる努力をしているが、思うように育つ人材は少ないそうである。実務経験をある程度持った技術者を育てるには、2 ～ 3年海外の企業で研修をさせることも1つの方法と思われる。

　東ティモール人の約70%は農村地帯に住み、その多くが農業に従事している。農産物の中でコーヒーの生産は外国企業やNGOの協力を得て輸出している。コーヒー以外の農産物、水産物の加工品の開発や自然豊かな観光資源の活用が望まれる。近年、外国資本や東ティモール人富裕層によって、火力発電所、ビール工場、総合ショッピングモール、高級ホテルなどが建設されている。こうした事業に高度な知識と技術を有する産業人材が求められている。東ティモールは若年層が非常に多いので、高度な産業人材を育成し、国民の労働意欲の向上と共に産業の転換と多角化によって国内雇用の増加、そして経済を発展させることが重要である。

　また、東ティモールは不動産の所有者が不明確なことが多いために混乱を招いていることが多い。政府は不動産登録制度を整備して、不動産の流通や有効活用によって産業の多角化と活性化を促進する必要がある。

専門科目と研究に必要な基礎科目を強化する

　東ティモール大学工学部のさらなる教育能力向上のためには、教官が担当する専門科目や研究に必要な基礎科目の修学を集中的に強化すべきである。関係する分野の知識を断片的でなく、体系的に理解しておくことが最も重要であり、さらに学生の教育・研究に十分耐えられる知識を身につけておく必要がある。授業は学生の能力を考慮して講義内容を決めて講義ノートや教材を作成し、暗記に頼らない方法の教育と学生の理解状況に応じた教え方を工夫することが肝要である。学生は社会的ニーズと実務の実体などに関心が高いので、これらの点も十分に考慮して指導しなければならない。

　まずは社会的な課題を見つけることである。工学は理学のように真理の追究ではないので、社会に役立つ研究であることが必須である。研究テーマは大きく分けて2つあり、1つはライフワークになるようなテーマ、もう1つは短期間の研究テーマである。どちらにしても、選んだテーマについての文献や資料を入手して、その内容を良く理解してこれまでに明らかになっている点と明らかになっていない点を明確にする。これができれば自ずと研究方法と内容が決まってくる。

　外国留学により習得した国際感覚と高位の学位取得経験を踏まえて、これらの点に留意して教育・研究を行うことで、教官のさらなる教育能力向上が図れると思う。

東ティモールの社会ニーズに合致した教育・研究体制に

　東ティモールは過去400年にわたる他国による植民地化や国内の紛争・混乱により、教育分野での発展が大幅に遅れていたが、独立後20年の間に徐々に改善されつつある。しかしながら、さらなる教育の質の向上と発展を担う人材が依然として不足しているのは事実である。そのためには、まず小・中学校の教員の能力向上が不可欠であり、さらに高等教育に携わる教員の学力と教育・研究能力の一層の向上が必要である。

　また、教育省による高校卒業試験と高校の成績によって大学の合否と入学学科を決定する大学入試制度の改善に期待したい。学生により良い教育を提供するためには、学生による主体的な大学・学科の選択と、大学による適切な定員管理と学力レベルの揃った学生の選抜が必要である。教育の改善には時間を要するが、今後、東ティモールの教育の質の向上と、海外での修士号・博士号の取得による国際感覚を身につけた高度人材の育成強化を期待したい。

　「遠くの親類より近くの他人」という諺があるように、東ティモールは遠いヨーロッパの国よりも近い東南アジアの国々とのヒト、モノ、カネなどの流れや

つながりが強い。したがって、東南アジアに根を下ろして東ティモールに相応しい教育事業を推進していくべきであろう。東ティモール人にとって二重苦、三重苦になっている言語、公用語と教育言語を見直す必要がある。

　工学部は単位互換性を考慮して、2014年にヨーロッパ式カリキュラムを導入した。これは東ティモールの学生がヨーロッパの大学に編入学するためのものだが、果たして何人がこの恩恵に浴するだろうか。そのカリキュラムが東ティモールの社会ニーズに合致したものか、疑問を抱くのはJICA専門家のみではないだろう。ヨーロッパの模倣でなく、東ティモールに相応しい教育目的・目標に基づいたカリキュラムとシラバスにしていくべきである。東ティモールの実情や近隣諸国との地理的・経済的関係を踏まえ、アセアン加盟が原則合意された立場として、ヨーロッパ方式の教育よりも東南アジアの国々に近い教育のカリキュラムとシラバスに改訂することが極めて重要であり、東ティモールの発展に役立つといえる。そうすることが東ティモール唯一の国立大学の責務であり、東ティモールの教育界のリーダーのあるべき姿だと思う。

　研究面では、連携ユニットの創設によって工学部の学科を横断した研究や産官学の連携が機能し、効果を上げ始めているので、今後、この研究体制を一層強化することによって社会ニーズに対応した研究、推進が期待される。この連携によってディリの洪水対策の研究、再生可能エネルギーの研究、道路のモニタリングシステムの研究が、学科横断、あるいは外部機関との共同研究で実施されている。研究を推進するには、人材と能力以外に研究費が必要である。東ティモール大学全体の年間予算は約2,000万ドルで、工学部で事業用に使える予算は7 〜 12万ドルである。具体的にはセミナー、国内調査や指導旅費、出版費であり、教育・研究の機材や消耗品は別途大学本部に申請する必要があるが、これが認められることは少ない。卒業研究や教官の研究費は自己負担になっている。しかし、2021年に初めて実験室消耗品が約27,000ドル認められた。海外から

の支援と国内外部資金の獲得による研究推進も必要であるが、政府と大学は研究費の確保に努力すべきだろう。

大学院プログラムの創設へ

　東ティモール大学は東ティモールの最高学府であり、東ティモールの教育、研究、社会活動などをリードしていくと共に、将来の政治、経済、産業、教育などを担う高度人材の育成という使命が課せられている。東ティモールの教育省、東ティモール大学などの関係者は、国内最高の高等教育機関であることを認識し、期待していることは確かである。自国の社会・文化を基盤とした高等教育の質の向上と、社会が中長期的に求める高度人材を輩出するためには、「大学院」を設置して独自の教育プログラムを持つことが必要である。東ティモール大学には、すでに教育、熱帯医学、法学、平和構築などの修士課程が設置され、海外の大学の協力を得てコースが運営されている。

　工学部においてもしかりである。近年の研究分野の学際化と研究内容の多様化に伴い、工学の修士課程も他の修士課程との連携が必要になるであろう。最近の東ティモール大学工学部は、学生教育と研究面で優れた業績を残しつつある。学生の授業の満足度は95%を超え、教官の研究実績も充実してきている。2022年末現在、博士留学中の教官も入れると博士号を保持する教官は今後15名近くになり、ほとんどの教官は修士号を取得している。修士課程設立の準備を開始する段階にきている。まず社会的ニーズを十分に考慮した修士課程の教育目的と目標を定め、それを踏まえて独自のカリキュラムや修士論文の研究指導と審査方法を検討する必要がある。そして、修士課程の教育と研究の実績が十分と認められた後に、博士課程の設置を期待したい。東ティモールの最高学府としての役割と責任を果たすために。

本邦大学との連携のさらなる強化を

　東ティモール大学工学部支援プロジェクトは、工学部支援学科ごとに本邦支援大学が決まっている。しかしながら、支援学科の教官がその学科の本邦支援大学以外の大学の支援を受けていることもある。例えば、電気・電子工学科の教官2名が機械工学科を支援している長岡技術科学大学の電気電子情報工学の修士課程に留学し、修士号を取得したり、機械工学科の教官9名が短期研修で岐阜大学の機械工学科の教員の指導を受けたこともある。さらに、九州大学が支援している地質・石油学科への専門家に、山口大学、北海道大学、茨城大学の教員が派遣されたこともある。本邦大学の土木工学科にはかつてアスファルト舗装研究室があったが、今日では交通工学などソフトな研究分野に替わってしまい、アスファルト舗装を指導できる適切な教員は見当たらない。そのため民間会社の技術者を専門家として派遣したこともある。このように日本の大学や企業などと協力して教育・研究支援が行われている。この理由は専門分野や指導・研究の内容によって支援大学に適任の専門家がいないことや都合がつかないことがあるためである。

　東ティモール大学工学部の国際化の推進と教官の教育・研究能力の大幅レベルアップを図るためには、東ティモール大学工学部が主体者となり、JICA事業の枠組みに限定されることなく、東ティモールと日本の相互理解の下で交流と連携を強化することである。具体的には支援大学以外の大学も含めた大学との間の人的交流、共同研究の推進、さらには共同教育プログラムの形成・実施することなどが期待される。

日本人学生への「学び」の機会提供

　このように日本の貴重な資金と多くの日本人の労力を投入してきた東ティモール大学工学部。ぜひ、東ティモール社会の発展、東ティモールの人々の幸せな生活のために、有為な人材を輩出し続けていただきたい。

と同時に、そのような貴重な財産を日本のためにも活用できないものだろうか。あるいは、日本と東ティモール両国の長期的な友好のために活用できないものだろうか。

ここに1つの事例を紹介したい。彼の名前は、中村貫志さん。東ティモール大学工学部支援プロジェクトの本邦支援大学でもある岐阜大学の大学院修士課程2年生。環境社会基盤工学専攻に学ぶ。東日本大震災や熊本地震から、大学における地震対策のあり方を研究テーマにしていた。彼は2022年9月から約1カ月間、東ティモール大学工学部に短期留学し、自身の研究活動の一環として、東ティモール大学の防災対策の状況を調べると共に、大学生と高校生に対して防災意識・防災行動に関するアンケート調査を実施した。

彼が留学先に東ティモールを選んだ理由は何だろうか。話を聞いてみると、最初は全く東ティモールに対して知識も関心もなかったとのこと。彼は、当初、日本と同じく自然災害大国であるインドネシアへの留学を考えた。しかしながら、インドネシアは当時、新型コロナウイルス感染症の水際対策から、外国人の入国を厳しく制限していた。途方に暮れた彼に対して、アドバイスをくれたのが、専門基礎科目の講義を担当していた先生であった。「インドネシアが駄目なら東ティモールはどう？現地に知っている人がいるから相談してあげるよ」。研究の指導教員ではなかったが、彼女自身が過去に東ティモールに渡航した経験があり、JICAの東ティモール大学工学部支援プロジェクトの髙橋とつながりがあった。また第3章のコラムで紹介したアドバンスド・グローバル・プログラム（AGP）のコーディネーターも担っていて、過去にAGPで学んだ東ティモール大学工学部の若手教官もおり、東ティモール大学には親近感を抱いていた。

正直なところ、中村さんは戸惑った。「東ティモールってどこだろう。国の存在自体ほとんど知らないよ」。ところがこの留学の話はとんとん拍子に進んだ。不安がないわけではなかったし、「そんなことしている場合ではない

だろう」という声もあったが、最後は好奇心が勝った。

　飛行機を乗り継いでようやくたどり着いた東ティモール。そこで中村さんが得たものはとても大きかった。普段、テレビやインターネットなどであまり情報がない分だけ、様々なことが新鮮であった。

　調査の指導をしてくれたのが、第5章に登場した土木工学科のベンジャミン教官。彼自身が山口大学で博士号を取得しており、親日家であった。何か日本のために役に立てればという気持ちもあった。調査計画の立案から調査項目の設定、アンケートの作成に対し丁寧に助言をしてくれ、調査の実施にも同僚教官と共に協力してくれた。

　中村さんにとって時間的制約のある中での調査活動であったが、自身の研究概要と調査結果を東ティモール人教官や学生に英語で発表し、議論する機会も与えられ、大変貴重な機会となった。が、それ以上に東ティモールの人々との交流から学ぶことが多かった。大学の教官や学生とは一緒にフットサルをやったり、週末に壊れそうな乗合バンに乗ってディリの街中を一緒に見学した。

　中村さんは工学部のアレンジにより日本留学経験のある教官の親族宅にホームステイした。ホテルという選択肢もあったが、折角の機会なので東ティモールの人々の生の生活に触れる機会を選んだ。ホストファミリーとの交流はとても楽しかった。小さな子どもたちが好奇心からしつこいほどにかまってきた。近所の子どもたちとの日常生活を通してのやり取りも楽しかった。

　シャワーのお湯が出ない、インターネット環境が良くない、時間にルーズ、良くない交通事情、ごみのポイ捨てなど、戸惑うことも多かったが、そうしたことも含めてトータルでそれが楽しかったし、嬉しかった。

　東ティモールを発つとき、最後の別れの挨拶の中で涙を抑えることができなかった。ホストファミリーのお父さんから「男なんだから泣くな」と言われたが、「泣かずにいられないじゃないですか」と言い返すのがやっとであった。

　調査活動の成果以外に何か得たものがあるかとの問いに対し、「現地

の生活に適応しつつも、そこにある課題を解決しようとする問題意識を持つことの大切さを知った」とのこと。そして「東ティモールとの関係。東ティモールの人々との、1人の人間としての関係」とのこと。将来、どのような立場になっても、中村さんの心に「東ティモール」は存在し続けるであろう。

東ティモール大学工学部のベンジャミン教官（右端）から助言を受ける中村さん（右から2人目）

ホームステイ先の近所の子どもたちと

エピローグ

過去からの感謝状

2022年3月のある日、フランスに住む大芝の元に1通のメールが届いた。メールの差出人は知らない人物であったが、その内容に驚いた。「東ティモール大学工学部が、『この20年間の日本の協力により大きく発展した。この間、重要な役割を担った人たちに感謝状を贈りたい』と言っています。その対象に大芝さんも含まれています」

にわかに信じられない内容だった。2006年12月、東ティモール大学工学部幹部との信頼が損なわれ、このままではプロジェクト活動の再開に支障をきたすということでプロジェクトに継続して関わることができなかった。あの悔しさは筆舌に尽くしがたいものであった。そして、15年の時間の経過と共に、大芝の中では「東ティモール」はもう過去のものとなっていたのである。頭の中をどう整理すれば良いのか…。

大芝にメールを打った人物は髙橋であった。髙橋からの追加話によると、現在の工学部の幹部は、「新校舎が建設され、博士の学位を持つ教官も増え、大学の工学部として立派に研究活動、社会貢献活動も行えるようになった。思えば工学部のこの発展は大芝さんの支援活動から始まった。彼とは立場の違いから激しい意見のぶつかり合いがあったが、現在のこの発展の礎を築いたのはまさしく大芝さんである。彼の名前を工学部の建物に刻んで、その貢献を顕彰したい」と言っているとのこと。とても感慨深い話である。15年の歳月の経過とその後の多くの関係者の努力により、大芝の目指した理想は現実になりつつある。そして大芝の名誉も回復された。

教育は「百年事業」

2003年9月、大きな不安を抱きながら風間は、まだ見ぬ小さな島、東ティモールに初めて渡航した。ディリ国際空港に到着して滞在先に向かう車の中から見た光景は、焼き討ちや破壊された建物や施設の残骸が散乱し、

あたかも戦場の跡の様相であった。滞在を通して予想外の出来事、生活の不便さ、精神的なストレスなど驚くことが多く、まさに「大変な所に来てしまった！」という印象であった。

当時、風間は同じくJICAが実施するタイの名門タマサート大学の工学部支援事業に土木工学分野の専門家として参画した経験を有しており、おぼろげながらこの延長線のイメージで捉えていた。が、ディリの情勢も東ティモール大学の状況もあまりに厳しかった。

今、手もとの写真をめくりながら、この20年間を振り返る。

焼き討ちにあった残骸から始まった支援活動。活動を始めると、現場の教官の基礎科目や専門科目の学力不足、杜撰な教官の勤務状態、劣悪な教育環境、学生の学力不足などが顕在化した。また、20年に及ぶ活動期間中の東ティモールの国内内紛によるプロジェクトの中断、大統領と首相への襲撃事件、支援大学や支援態勢の変更、新型コロナウイルス感染症拡大に伴う活動制限、サイクロンによる洪水災害。さらには予算不足による突然の活動の縮小など紆余曲折があった。これらの紆余曲折にもかかわらず、東ティモール大学の教官自身の努力と本邦支援大学の先生方の熱心な指導により、プロジェクトの目標をほぼ達成することができた。具体的には教官の学力や教育・研究能力の向上、修士・博士の学位取得者の大幅増加、学部・学科の運営能力向上などである。今後、こうした人材が国の最高学府の一員として、国の将来を担う人材を輩出していってくれるであろう。

人材育成は橋や道路の建設のように3年、5年で完成するものではない。人格と人格のぶつかり合いの中で、そして、行きつ戻りつの中で時間をかけて成し遂げられる事業である。まさに「百年事業」といえよう。大学の人材育成は被支援国の国情、教育環境、教員の能力などによってスタートラインが大きく異なり、同じ目標に達するために必要な年数は異なる。

20年という時間の中でも、常に「次の事業はどうするのか」との問いか

けがなされ続けた。JICAの技術協力プロジェクトが途上国の自助努力を支援するという理念の下での期限付き事業である限り、そうした議論が起こること自体は当然であろう。が、そこに教育事業の価値をどう見出しているのか、その見識が問われるであろう。

国際協力に必要なもの

2023年のある日、風間、吉田、髙橋、小西が東ティモール大学工学部支援の歴史について語り合った。この20年間の協力の歴史を支えるものは何だったのか。

様々な意見やエピソードが語られたが、結局は「人と人のつながり」である。厳しい状況にもかかわらず、救いの手があったからこそ東ティモール大学工学部の支援プロジェクトを継続できたといえる。それは東ティモール人の素朴さと、初対面でも笑顔で迎えて親切に対応してくれたこと、大学・学部の中枢を担う教官の熱意と協力、本邦支援大学関係者の温かく継続的な支援などである。

開発協力事業においては、「支援する側」と「支援される側」という役割が存在し、この役割の中で人間ドラマが展開される。が、それは役割の違いであり、「支援する側」が「支援される側」から学ぶことも多い。そして、この人と人のつながりは、一つひとつの人間味あふれる言動の中で、時には失敗もしながらも様々な機会を経て形成され、強化されていくものであり、その底流に流れるものは人としての「信頼」であろう。

コラム・支援の余話

行って感じた、知った、
東ティモールのあれこれ

① 業務編　「インフラ整備」が先か、「人材育成」が先か
布谷 真知子

　2009年7月、東ティモール大学工学部支援プロジェクトを所掌する人間開発部に転入し、前任の担当者からプロジェクトの引継ぎを受けたとき、すでに第1プロジェクト終了を半年後に控え、「どこまでの成果を達成できるのか」、「次のプロジェクトを継続して実施するならば、何を目指すのか」が議論されていた。現地を訪れるまでは、「東ティモールの唯一の国立大学を支援しているが、工学部教官が大学の学部卒業生レベル、中には算数もまともにできない教官がいる」と聞いて、漠然と大学が提供する「教育の質」が課題なのだと理解していた。

　実際に現地に出張して授業の様子を見ていても、大学教育、ましてや工学分野に疎い私には、何が問題なのかさっぱり分からない。けれど、ホテルから大学に向かうまでの道は険しく、雨天時には流れ出した土砂や落石で道路が塞がれてしまっているために迂回しなければならないような現場に遭遇し、風間チーフアドバイザーから、「この国が発展するためには、まず国内で土木のエンジニアを育てなければならない」と説明を受けた。また、「教官の中には、政府のアドバイザーとして国の開発計画に関わっているため、忙しくて授業ができていない」という話も伺った。「そうか、インフラが整っていないからこそ、その開発計画を指揮できるような人材が必要なのか」、「災害が起こって道路が塞がれれば、物流も滞り、経済が停滞する…。この国の経済発展を推進するためにも、自国でしっかり技術と知識を持った人材を育成しなければならないのか」と、原点に立ち返った思いがした。

　ただ、現実はそう甘くない。大学を卒業して、高度な技術・知識を身につけても、卒業生たちが国内で相応の給与をもらって働けるような就職先がほとんど存在しない。行政官や大学の教員など要職に就ける人材はほ

自動車修理工場の経営や雇用実態調査を行う筆者（布谷）

んの一握り。一握りの能力のある人がいろいろな仕事を任されて忙しくしている。残りの大半の工学部卒業生の働き口は、自動車整備など町工場。「せっかく大学で勉強をしても自動車整備をするならば、技術者として即戦力のある人材を育てた方が良いのではないか。また、輩出した人材を活かせるような国内の産業育成が優先されるべきではないのか」。このプロジェクトの根底にある課題は思った以上に複雑であった。

　教育の支援の成果が出るのは10年、20年先。最初はプロジェクトの方向性と現実とのギャップに大いに空回りもしながら、それでもしっかりと先を見据えて、この国が目指す未来と、そこに必要になるだろう人材像をイメージしながらプロジェクトのデザインをしなければならない。社会人経験5〜6年の私が、とても大きな責任を負った仕事をしているのだと、少し怖くなった。

② 業務編　難しかった評価調査の意見調整

布谷 真知子

　JICAはプロジェクト活動が計画どおり進んでいるか確認し、状況によっては活動計画の修正や活動の追加を行うため、そして事業成果のまとめと今後の類似事業への教訓を残すため、モニタリング・評価を行っている。当時、プロジェクト終了時の評価調査は、プロジェクト終了6カ月ほど前の時期に実施された。それまでの活動の成果をあらかじめ定められた5つの評価項目に沿って評価すると共に、プロジェクト終了以降も、現地の関係者が自立的に活動の成果を継続できるような提言をすることになっていた。そのため多くの評価調査において、JICA関係者だけでなく、評価5項目に沿って客観的に評価調査を実施する外部のコンサルタントやこれまでプロジェクト活動に参画してきた本邦支援大学などの事業関係者にも参加してもらうことが多かった。

　東ティモール大学工学部支援の第1プロジェクトの終了時評価調査も、外部コンサルタント団員に加えて、機械工学、土木工学、電気・電子工学の各分野の本邦支援大学から1名ずつ（計3名）、JICAの高等教育分野のアドバイザー 2名、そしてプロジェクトの担当者である筆者を含め7名の大調査団となった。

　この評価調査におけるある夜のことが忘れられない。東ティモール側に対する評価結果発表の前夜、ホテルで最終打ち合わせを行っている中で、調査団内で出した結論に納得が行かず、評価コンサルタントの団員が苦渋に満ちた表情を浮かべたのだった。コンサルタントとして、自らの調査に誇りを持って揺るぎない評価結果をまとめたにもかかわらず、調査団内での意見調整の結果、著しく達成度が低かった成果指標に対して、「先方のやる気を損ねてしまいかねない」という理由であいまいな表現にとどめられてしまったのである。

筆者もこのコンサルタント団員と共に、現場の視察や東ティモール大学教官たちとの協議、現地に長期駐在してプロジェクトのマネジメントを担ってきた日本人専門家、JICA東ティモール事務所の関係者へのインタビューを踏まえて、活動の成果を確認していた。正直なところ、幾つかの指標の事業成果は決して芳しいものではなかった。それは一朝一夕に成果を出すことが難しい教育分野への支援に共通したものに加え、現地特有の物理的な制約（突然の人事異動や予算配分の遅れ、教員給与の低さから副業に従事する教官の問題など）と深く関係し、プロジェクト活動だけで改善が期待できるものでもなかった。コンサルタント団員の評価は、決して誤解や見当違いではなく、客観性のとれた見解であった。

　他方で、事業関係者でもあった他の団員たちにとっては、この客観的な評価結果を伝えること以上にこだわったことがあった。「今の結果がすべてではない。協力の成果が出るのは10年先、20年先のことで、今はとにかく、東ティモール大学関係者も日本側の関係者も粘り強く、あきらめずにプロジェクト活動に関わっていかなければならない。ここで協力を途絶えさせるわけにはいかない」という思いであった。

　プロジェクトの終了を目前に控えた日本側関係者は焦り、何かしら目に見える成果を探っていたようにも感じられた。それは自分たちのこれまでの尽力に対する評価でもあり、また本邦支援大学として今後も協力を継続するに

2009年10月に実施された第1プロジェクトの終了時評価

値するか否かの重要な判断根拠になるものでもあったのだと振り返る。

　最終的に調査団長の判断で決定した意見は、事業関係者の強い決意と願望の表れであったのかもしれない。

　外部の客観的評価に対して、事業関係者の意見が強く反映されたこと自体は美談として片付けられるものではない。ただ、そもそもJICAの終了時評価の狙いが何なのか、特に、このプロジェクトを、このタイミングで評価をすることの意味は何なのか、それぞれの文脈で判断していくことが大事であると学ばされた調査であった。

③ 業務編	ごく平凡なガラス容器、どこを探せど見つからない 〜苦労する機材の現地調達〜　　　　小松 謙一郎

　技術協力プロジェクトにおいては、支援が終了した後も途上国側の関係者だけで活動を継続できることが重要である。いわゆる、自立発展性である。その意味で、JICAが供与する活動に必要な資材や機材は、現地で調達可能なことが望ましい。東ティモール大学工学部の支援においては、現地教官の研究活動を支援することが柱の1つである。日本から派遣される専門家が、現地で研究支援をスムーズに実施するためには、現地に長期派遣されているスタッフが、事前に専門家の活動に必要な器具や機材を確認し、用意する必要があった。

　しかし、これが一筋縄ではいかなかった。例えば、水質調査のために、採取したサンプル（水）を入れるガラス容器が必要であった。ガラス容器といっても特殊なものではなく、日本であればスーパーなどで売られている、家庭で果実酒を作るための容器で良いということだった。それならばあるだろうと考えていたが、いざ探しにいくと、それが大間違いであったことに気が付くのだ。ガラス容器はあるが、密閉できる蓋付きで、ある程度の容量があるものが見つからない。目星をつけておいた比較的大型のスーパーも全

やっと見つけたガラス容器

滅。現地スタッフに聞いても心当たりがないようで、仕方なくディリ市内の店を一軒ずつしらみつぶしに訪問する。そして、とある商店で辛うじて使えそうなものを見つけ出した。

　また、電圧を測るためのマルチテスターが必要になった際は、品質が確かめられないことに苦労した。ディリ市内にはハードウェアショップと呼ばれる建設資材、金物、電材などを幅広く取り扱っている店が多数ある。そのためテスターそのものは容易に手に入る。が、ほとんどが中国製で聞いたことのないメーカーのものばかり。「他にはないのか？」と聞くと、ホコリを被った陳列棚から出してきて、いつ頃製造されたものか不明なものが出てくる。店員に聞くと、「これはグッドクオリティだ」と自信満々に答えるものだから、それを信じて購入する。幸い、使用するうえで特に問題は起きなかったのだが…。

　ところで、「適正技術（Appropriate Technology）」という言葉がある。意味としては、その土地の社会、経済、文化などに適しその土地で扱うことのできる技術といったものである。その定義はさておき、現地で調達可能な資機材だけで必要な研究支援を実施することは現実的には難しく、か

といって日本で調達したものばかりでは持続性を担保するのが難しい。果たして「適正」のレベルをどこに求めるべきか…、常に模索状態であった。

なお、現地調達に苦労したかいあって、ディリ市内のどこに行けば何が手に入るのか、非常に詳しくなったことはいうまでもない。

---

④ 業務編　両国の相互理解と友好親善への寄与が表彰される

東ティモール大学工学部支援プロジェクトに寄与した功績に対して、2014年6月、ガブリエル工学部長（当時）と風間に対し、花田吉隆・在東ティモール日本国特命全権大使より「外務省在外公館長表彰」が授与された。本プロジェクトは、日本と東ティモール両国の相互理解と友好親善の1つである。授賞式とそれを祝うパーティーには、多数の東ティモール側の関係者と滞在中の日本の方々が出席された。また、風間には、2015年10月、国際協力事業を通じて開発途上国の人材育成や社会・経済発展に貢献した功績から、「第11回JICA理事長表彰（国際協力感謝状）」が授与された。

この2つの表彰は個人として表彰されたものではなく、東ティモール大学工学部支援プロジェクトに直接的または間接的に関わったすべての組織や関係者に対する表彰であり、工学部長は東ティモール側を、風間は日本側を代表して表彰を受けた。そこには、本邦支援大学、派遣専門家、日本国大使館とJICA関係者、東ティモール大学、教育省、工学部の教職員など多くの人々の苦労と努力があったことはいうまでもない。

さらには、東ティモール大学工学部支援が20年にも及び、2022年3月には東ティモール大学から日本側関係者の代表に感謝状が贈られた。表彰された人は、2001～2006年の初期の混沌とした時代にJICAの専門家として活動した大芝敏明氏、同じく初期段階から電気工学分野の専門

2014年6月外務省在外公館長表彰（左から3人目がガブリエル氏、5人目が風間）

家として技術指導を担当し、2016年から第3プロジェクトのチーフアドバイザーを務める嶋川晃一氏。風間と髙橋もその対象に加えられた。このように表彰していただいたことは、長年のプロジェクトの活動に対する評価であり、プロジェクト活動に参画したすべての日本側関係者への謝意の表れである。

⑤ 業務編 新型コロナウイルス感染症への対応

　新型コロナウイルスは、2019年末から感染が始まり、2020年には瞬く間に世界に広まった。2020年3月中旬まで東ティモールには感染者がいなかったものの、インドネシアで感染が拡大したために、東ティモールへの感染拡大を危惧してディリ国際空港は閉鎖する動きがあった。当時、医療体制の脆弱な小さな島国の多くは国境を閉鎖する対策をとろうとしていた。国境や空港が閉鎖されると、万が一の時に身動きが取れない。JICA本部の方針により、JICAの東ティモール滞在中の専門家、青年海外協力隊員な

ど40数名は3月19日に一斉にディリを発ち、デンパサール経由で緊急帰国した。当時、東ティモールにはPCR検査と抗原検査キットがなかったが、帰国に際してはディリの病院で内科的な検査と問診によって非感染の診断書をもらう必要があった。帰国時はコロナの感染症状や危険性がよく知られていないこともあって、マスクはつけていたものの、帰国の緊迫感をあまり感じなかった。

　東ティモールでは、2021年5月、8月、2022年2月の3回コロナ感染のピークがあり、1日最大でも300人ぐらいの感染ですぐにピークアウトし、その後ワクチンの効果によって一日の感染者は若干名に落ち着いている。2023年2月現在の累計感染者は約23,000人、死亡者は約138人である。

　2020年のロックダウンの期間、東ティモール大学は閉鎖し、オンラインの授業を推奨していたが、情報工学科の一部の教官がオンラインで実施したものの、通信環境が悪くほとんど定期的に実施できなかったようである。

　2020年4月から2022年3月までの2年間は、支援大学からの専門家派遣がなかったが、日本の先生の指導を受けている教官は、オンラインで学生の卒業研究や教官自身の研究の指導を受けた。オンライン指導は16人の日本の先生と25人の東ティモールの教官で行った。日本と東ティモールの間には時差がないので、日常生活の中で実施できるものの、オンラインの日時を決めても、忘れてしまう教官や資料準備が遅れる教官が多く、スケジュールの変更は多くあった。オンライン指導は直接指導のようにその場で式、図、必要事項などを書いて説明することができないので、かゆい所に手が届かないことが多い。それでも日本の先生はいろいろ工夫して指導を行ったが、直接指導よりも効率が悪い。また、情報処理技術レベルの関係で共有する資料の鮮明度が低いことや接続切れになるなど、指導に支障が生じることもある。

　2022年度に入り、コロナ感染に十分留意しながら人の往来が再開されるようになった。本邦支援大学から合わせて数名の専門家の東ティモールへ

の派遣、および東ティモール大学工学部の各学科から2〜4名の教官を本邦支援大学などに短期研修として受け入れることにより、効率的な指導ができ支援成果が得られているものの、コロナ禍以前に比べてかなり低下している。

⑥ 業務編　東ティモール大学エピソードあれこれ

　ここで、これまで本書に記述できなかったことを幾つか紹介しよう。

　工学部のヘラ・キャンパスはディリ中心街から国道1号線で東に約10kmの位置にある。その間には標高差約500mの山越えをしなければならない。国道1号線のこのルートは豪雨によって地すべり、山崩れ、落石などが発生し、通行止めになり、工学部は休校にせざるを得なくなることもあった。ディリからヘラに行くには海岸沿いのアップダウンが激しい道があるが、この道路も事故や豪雨で通行止めになることがある。

　ほとんどの教官と学生はディリ市内から通っており、学生は2003年に日本が無償供与したスクールバスを使用していたが、バスの老朽化に伴い、中距離バスやバンタイプの乗合タクシーでは運びきれなくなり、一般のトラックの荷台に大勢の学生が便乗していた。あるとき、学生を乗せたダンプカーが崖から転落して3名の学生が亡くなった。その翌々日、学生は全学集会を開き、大学当局に改善を強く迫った。その後に政府予算でマイクロバス2台とトラック1台が運行されるようになった。これらの車に乗る場所と時間は決まっていないため、学生は車に乗るために一目散に車に駆け寄っている姿を見るにつけ、大学の運用の指導不足を痛感した。

　多くの教官は1.0〜1.5ドル、学生は0.5〜1.0ドルの昼食を学内食堂で食べながら談笑している。一部のJICA専門家も東ティモール大学の教官と一緒に食事やコーヒーを飲みながら、いろいろな情報収集やプロジェクト側

の報告、依頼事項を伝えたり、雑談を行った。大勢の教官が集まり、しかも各学科の教官も入り交じるので、極めて効率的に情報収集や用件を伝えることができ、プロジェクト活動に役立った。

2011年頃、各学科の教官室に行ってみたところ、真新しい大型テレビ、冷凍・冷蔵庫、電子レンジ、給水器が設置されていたので驚いた。購入した理由を教官に聞いたところ「日本の大学の研究室に設置されている電気製品を、それにならって政府予算で購入した」とのことであった。これを聞いて教官たちは、日本の大学の研究室レベルに早く近づけたい表れと思った。各教官室でテレビはよく使われており、次いで給水器である。冷凍・冷蔵庫は薬品などの保存に使われているが、電子レンジはほとんど使われていない。一般家庭でも、冷凍・冷蔵庫と電子レンジはほとんど導入されていない。

ところで工学部の建物、部屋、機材保管の鍵の管理をどのように行っているのだろうか。建物と教室の入り口の鍵は管理専門職員1名のみがすべての鍵を所持し、朝8時半頃解錠し、夕方は誰もいなくなると施錠している。ところが、ある時、筆者と教官1名は実験棟の中の実験室で実験を行っていたにもかかわらず、職員は中を確認せずに実験棟入り口を鎖と大きな南京錠で施錠したために閉じ込められてしまった。実験棟の窓は引き違い窓でなく、通風が良好なルーバー窓のために容易に窓から脱出できない。危うく一夜を実験室で過ごすところを電話連絡によって辛うじて脱出することができた。実験機材を収納する保管庫やロッカーの鍵は、技術職員または教官1名がスペアキーを含めてすべて所持・管理している。JICAからの支援機材は学部または学科に供与しているが、個人に供与されたと思って管理している教官もいる。この傾向は他の途上国でもよく見られる。支援大学からの専門家が実験を指導しようとしたが、機材保管庫の鍵をもった技術職員は帰省してしまい、保管庫の鍵を壊して機材を取り出したことは何回もある。鍵の管理運用を1名の教職員のみにすることは、責任の所在が明確

国道1号線ディリ〜ヘラ間の地すべりの経時変化

トラックの荷台に乗って通学する学生

新入生歓迎のオリエンテーション

になる反面、運用面で支障をきたすことが多い。

　新入生のオリエンテーションは上級生が担当している。新入生は男女ともに白いシャツ、黒ズボン、麦わら帽子、胸に大きな名札をつけて、ホウキとバケツなどの掃除道具を持っている。上級生の指導の下で、口頭のオリエンテーション、キャンパス内の掃除などのほか、座り歩行、ウサギ跳び、暗渠内の四つん這い歩行など、手荒い歓迎が行われた。ディリ市内のあ

る私立大学の新入生のオリエンテーションの学生も全く同じ服装であった。新入生に対する独特のオリエンテーションは東ティモールの伝統的な文化かもしれない。

⑦ 現地事情編　東ティモールの公共交通と通貨

　東ティモールの公共交通機関は陸路と海路があり、鉄道はない。陸路は主な市や町を結ぶ長距離バス、主に市内を走るミクロレット（バンタイプの乗り合いタクシー）、および一般的なタクシーである。

　長距離バスはマイクロバスのひとまわりほど大きい車両であり、通常の大型バスはほとんどない。この理由は、主要国道でも幅員が6mのためである。東ティモールは独立後、世界銀行、アジア開発銀行、先進国の支援によって道路の拡幅と改良工事が行われている。長距離バスもミクロレットも運行時刻表があるわけでないが、運行経路は大まかに決まっている。ディリ市内のミクロレットは乗り降り自由で、距離に関係なく25セントで乗車できるので、外国人も市内の移動によく使っている。多くのタクシーは外国の廃車間近の小型タクシーを輸入して使っている。黄色の車体のタクシーはメーターが取り付けられていないので、乗車前に行き先を告げて、値段交渉する。車両は破損した窓ガラス、壊れたり汚れた座席など、何らかの問題があっても客を乗せている。ときには座席に座るとお尻がムズムズしそうな車両もある。2016年頃からは青い色の車体のタクシーが運行し始めた。この青色タクシーはメーターがついているが、営業しているタクシーは数台であり、電話での配車サービス対応のはずなのに、電話してもなかなか時間どおりには来てくれない。これらのバスやタクシーの車両は、ドライバーが会社や車のオーナーにお金を払って借りるか、あるいは個人が所有して運行している場合も多い。

海路は、ディリとディリの北約25kmにあるアタウロ島間、ディリと東ティモールの飛び地のオエクシ間に定期的にフェリーが就航し、人や物資を輸送している。ディリ〜オエクシ便は週2便、片道8 〜 12時間を要しているが、フェリーの故障で欠航することも多い。

　東ティモール公式通貨はアメリカドルである。これは2000年に東ティモール暫定政府と国連が同国の経済効果をもたらすことを期待して決めたそうである。紙幣はアメリカドル紙幣が使われているが、日常生活では1、5、

ディリ市内を走るミクロレット

東ティモール国内で流通するボロボロの紙幣

10、20ドル紙幣がよく使われ、50、100ドルの大きな額の紙幣はあまり流通していない。外国人が買い物などで100ドルなどの高額紙幣で支払うと、大歓迎される。また、銀行で現金を引き出しても20ドル以下の紙幣のみになり、高額になると紙幣の束の厚さに戸惑うこともある。一体高額の紙幣はどこに行って、どう使われているのかよく分からない…。

1ドル以下は東ティモール独自のセントの硬貨（1、5、10、25、50、100センタボス）が使われている。スーパーで買い物をして1ドル未満のお釣りがあめ玉になることもある。これはスーパーにセンタボスが不足しているためである。

財布を持っている東ティモール人は少なく、1、5、10ドル札をポケットに入れている。これらの紙幣は長く使っているとボロボロになり、いろいろな汚れが付着して、財布に入れるのもはばかれるほど汚い紙幣を受け取ることもある。まさにボロボロの札を油混じりの醤油で煮染めたような感じである。特に1ドルや5ドル札がこのようになる。このように汚い札は受け取りを拒否されることもある。

⑧ 現地事情編　青空市場からショッピングモールに

人々が集まって商いを行う市場はどこの国にもあり、古くは交易の場所でもあった。市場は人々の生活の支える重要な施設である。食料品を扱う市場に行くと、その国や地域の人々の生活レベルと食生活が分かるといわれている。

東ティモールにも古くから市場があり、地方にも小さな市場があり主に現地生産の野菜や果物などを売っている。ディリ市のコモロには、屋根もテントもない大きな青空市場があり、食料品から生活雑貨まで販売されていた。

しかし独立後、コモロ地区に暴力行為や暴動が多く発生することや、土

コモロの青空市場（2003年）

タイベシの市場

地問題もあって閉鎖された。その後、ディリの南東部にあったハリララン市場も屋根付きのタイベシ市場に移転して、現在毎日開かれている。また、ディリには野菜、果物、魚、肉類、古着などを売る小さな店が、道ばたに並んで販売している。これらの市場は東ティモール人のみならず外国人も利用している。

　2011年、コモロ地区に近代的な総合ショッピングモールの「ティモールプラザ」が部分開店し、その後順次施設が開店した。メインビルには商店街、フードコート、オフィス、コンドミニアム、ホテルが入っている。それに付

ティモールプラザ外観とティモールプラザの内部

随したビルには、レストラン、映画館、各種の商業施設、大きな駐車場が
あり、各種イベント、催し物、会議なども行える複合施設となっている。した
がって、生活必需品はもちろんのこと、生活に必要なことはティモールプラ
ザでほぼ間に合う。ティモールプラザはディリでは極めて近代的で異色の
総合施設であり、家族連れ、ビジネスマン、旅行者などによって毎日賑わ
い、ディリの名所の1つになっている。日中の暑い時、暑さしのぎのために
子どもたちはティモールプラザの商店やオフィスの前に座り込んでいたが、
迷惑行為のため禁止された。

　ティモールプラザの最上階にはホテルがあり、そこのオープンレストランで
はディリの夜景を見ながら食事を楽しむことができる。

　言葉は生き物であり、社会・文化的背景とその変化に伴って変化し、英語でもフランス語でもスペイン語でも、話されている国が異なれば微妙に異なるといえる。

　独立後ポルトガル語を公用語とした東ティモールは、公務員、教員、学生のポルトガル語指導や政府機関の公文書のポルトガル語化のために、ポルトガル本国から多くの講師やアドバイザーを招き、ブラジル人も招いた。彼らは工学部の教官に代わってポルトガル語で講義も行った。

　ポルトガルもブラジルもポルトガル語を公用語とする国であるにもかかわらず、ポルトガルのポルトガル語とブラジルのポルトガル語はかなり異なっている。例えば、同じ単語でも意味が異なったり、同じ意味でも単語が異なったり、同じ単語でも発音が異なったり、文法が異なったり、動詞の活用や前置詞の使い方が異なるなど、同じポルトガル語でも随分違いがある。世界中でブラジルのポルトガル語を話す人は、ポルトガルのポルトガル語を話す人の20倍以上といわれている。ブラジルのポルトガル語はポルトガルのそれに比べて文法が比較的簡単であり、教材も充実しているなどのため、ポルトガル語といえば、ブラジルのポルトガル語を指すことが多い。日本で販売されているポルトガル語の書籍は、「ポルトガルのポルトガル語」、「ブラジルのポルトガル語」などのように、どっちの国のポルトガル語かが分かるように書籍に明示されていることが多い。

　東ティモールにおけるポルトガルのポルトガル語の教育は、2002年頃から開始され、2010年から本格的に始まった。大学教官はほとんどポルトガル語の教育を受けていない世代のため、ポルトガル人講師による課外授業でポルトガル語を学んだが、十分に読み書きできるようになるまでには相当な時間と努力が必要である。また学生の場合もほぼ同様である。このような

状況下で、ブラジル人講師によるブラジルのポルトガル語による指導や授業は到底理解できるわけがなく、教官や学生は困惑するのみであり、一般市民にとっても戸惑うのみであった。

ある時、東ティモール大学工学部に派遣された50歳くらいのブラジル人の講師と話をする機会があったので、指導状況や成果について聞いてみた。「ポルトガルのポルトガル語は多少分かるが、教官や学生を指導できるレベルでない。教官や学生はブラジルのポルトガル語はほとんど分からないので、私の指導がほとんど役立たないどころか、逆に混乱を与えている。ポルトガル語の普及のために多くの経費と時間をかけてブラジル人を招聘する東ティモール政府の施策に大きな疑問がある」とのこと。誠にもっともな意見であった。

⑩ 現地事情編　今も残る日本軍占領のなごり

第二次世界大戦において日本軍は、スンダ列島の島々を含む東南アジア地域を広く侵略して占拠した。ポルトガルは第二次世界大戦において中立国であった。ポルトガル領の東ティモールも中立国であったにもかかわらず、イギリス、オーストラリア、オランダの連合軍が東ティモールに駐留した。日本軍は1942年はじめに連合軍の排除とオーストラリア軍の侵攻を阻止するために、東ティモールに侵攻して3年半東ティモール全体を占拠した。戦時中約20,000人の日本軍が駐留したといわれている。1945年の日本の敗戦により、オーストラリア軍の進駐を経てポルトガルの支配が復活した。

日本軍は、占領期間中にオーストラリアからの連合軍の上陸に備えて、海岸線に対抗施設、輸送のための道路建設を行った。この道路の多くが東ティモールの現在の国道の原型になっている。これらの建設には多くの現地住民が動員され、過酷な労働を強いられた。その他日本軍によって虐

殺、暴行、略奪などの苛烈なことも行われた。また、各地に慰安所が設けられたことは知られていたが、具体的な場所や状況について公になったのは1980年代である（山田 2006）。戦争による常として、占領された東ティモール人やポルトガル人に多大な恐怖、危害、苦痛など戦争被害を与えたことは確かである。

　東ティモール国内には日本軍の占領によるなごりが今でも幾つも残っている。写真は日本軍が東部のラウテム県の海岸に構築したトーチカ（機関銃や砲などを備えたコンクリート製の小さい防御設備）である。連合軍によって破壊されたか、あるいは海岸侵食などによって破壊されたかは不明である。80年もの間風雨にさらされてきたにもかかわらず、トーチカのコンクリートは風化の形跡がほとんど見られず、当時のコンクリート技術の高さに感心させられた。東ティモールの最も東のラウテンという場所に日本軍が構築した要塞の高い壁が今も残っている。

　もう1つの写真は東ティモール第二の都市バウカウから南へ車で約1時間のベニラレ地区に日本軍が掘った塹壕（防空壕）である。入り口が5カ所で幅は約2m、高さは1.5 ～ 1.6m、奥行き10 ～ 20mでそれぞれがつながっている。塹壕の壁は斧で掘ったような跡があることから、人力で掘ったと思われる。東ティモールには鉄道もなく道路トンネルもないが、ディリとその周辺にも小さい防空壕はある。また、日本軍による殺害を悼むモニュメントや日本軍の撤退を記念するモニュメントが東ティモールの各地にある。

　木の枝などを伐採するときに使うナタ（短く、厚く幅の広い刃物）を東ティモールでは「カタナ」と呼んでいる。これは日本軍の刀を加工して日本のナタよりも長いものにしたことに由来すると思われる。東ティモール大学工学部教官によれば、かつてはディリ市内にスズキカタナ店があったそうである。また、日本軍の刀を「サムライ」と呼んでいたこともあったようである。

　このように、戦後75年過ぎた今でも東ティモールには日本軍占領のなごりが幾つも残っている。

第二次世界大戦で日本軍が東ティモールの海岸に構築したトーチカ

第二次世界大戦中に日本軍がベニラレに掘った塹壕

東日本大震災、「We pray for Japan
（日本のために祈る）」

　2011年3月11日、14時46分頃、日本観測史上最大規模の大地震とその
後の大津波が発生した。日本人の同僚の家族がNHKの海外放送（NHK
プレミアム）を自宅で見ていたところ、突然画面が切り替わって地震発生を
伝える緊急速報に変わったとの連絡を受けた。急いでホテルに戻りNHK
の海外放送を見たが、当時のホテルはブラウン管の小型テレビで、しかも
電波状態が良くないので、川のようなところを赤、白、青、黄色の物体が
流れて行く程度しか分からなかった。その後、インターネットやニュースで被
害の甚大さを知ることができた。日本国内は電話が大変つながりにくかった
そうだが、東ティモールからの国際電話は容易につながり、家族の安全が
確認できて安堵した。

　東ティモールのグスマン首相は3月12日に臨時閣議を開き、日本のために
可能な限りの支援を表明した。これを受けて東ティモール政府から日本政
府に対して50万ドルと50名の救助隊員の派遣の申し出があったが、救助
隊員派遣を断ったところ、さらに50万ドルの支援金が追加された。東ティ
モール大学青年連隊委員会はディリ市内で被災者のための募金活動を行
い、ディリ市内のサン・ペドロ中学校の生徒が被災者の助けに少しでもなる
ことを願って学内で自主的な募金活動を行い、義援金と励ましのメッセージ
を日本国大使館に届けてくれた。東ティモールの発展のためには資金がい
くらあっても足りないところ、いち早く支援を表明してくれた東ティモール政府
の動きと市民の対応に感銘を受けた。

　ラモス・ホルタ大統領、グスマン首相、ラマサ国会議長など、多くの政
府要人が日本国大使館を訪れて記帳され、励ましの言葉をいただいた。
ディリ市内に「We pray for Japan (日本のために祈る)」の大きな看板が
掲げられ、それに対して日本国大使館は、「温かい支援に感謝する」との

ディリ市内に掲げられた東日本大震災に対する東ティモールの支援の看板

ディリ市内に掲げられた日本国大使館から東ティモール国民に対する感謝の横断幕
（在東ティモール日本国大使館のホームページから）

横断幕を市内に掲げた。

この年2月にニュージーランドでカンタベリー地震が発生し、大きな被害が
もたらされたこともあり、東ティモール人および在住の外国人のほとんどが大
震災の発生を知っていた。知人から「日本の家族は大丈夫か？」、「地
震の被害はどの程度か？」などと何度も聞かれた。アウレリオ学長からも
「哀悼の意を表する」との言葉があった。また、工学部会議の協議に先
立ち、工学部長から震災の犠牲者に黙祷の提案があり、全教官が黙祷を
捧げた。

このように東日本大震災に対して東ティモール政府および国民から心温

まる励ましと、多くの支援をいただいたことに深く感謝すると共に、日本は東ティモールへの支援を継続していく必要性を痛感した。

⑫ 現地の生活編 「さくらタワー」は永遠なり
小松 謙一郎

　「さくらタワー」は、ディリ市内にある日本人滞在者御用達のコンドミニアムホテルである。しかし、「タワー」といっても、東京タワーや東京スカイツリーを思い浮かべてはいけない。4階建てのホテルである。聞くところによると、もともとは銀行だった建物をホテルに改装したため、部屋の中には中途半端な位置に柱が立っていたりする。ホテルに改装した当時、オーナーの夫人が日本人であったことから「さくら」に、周辺で最も高い建物であったことから「タワー」の名前になったといわれている。写真のように概観はとてもホテルや宿泊施設と思えないが、内部はホテルに相応しくなっている。

　設備は簡易的だが調理道具も最低限揃っていて、中長期滞在にも適している。短期派遣の日本人専門家は、ここ「さくらタワー」を利用することが多く、滞在中の邦人がホテル内の「さくらラウンジ」に集って、お酒を酌み交わしながらプロジェクト活動などについて熱く議論を戦わせるのが常であった。

　「さくらラウンジ」といっても洒落たバーであるわけでない。某チーフアドバイザーが滞在している部屋のことである。一日の活動を終えて、レストランなどで夕食をすませた後、各々がつまみや飲み物を持参してこの「ラウンジ」に集うのである。プロジェクトは常に順風満帆とはいかない。苦労も多く、愚痴の1つでもこぼしたくなる時がある。そんな時、「ラウンジ」の戸を叩けば、話を聞いてくれる同志がいる。時には、議論が白熱して気が付けば日付が変わっていることもある。

　高等教育支援を実施するうえでの難しさの1つが、現地に派遣される専

ディリ内の「さくらタワー」外観（中央の建物）

夜のさくらラウンジの飲み会

門家の多くが短期派遣とならざるを得ない点である。日本からの専門家
は、支援内容の性質上、大学の教員がほとんどである。現役の教員であ
るから、所属大学での講義、運営業務、学生への研究指導、また自身の
研究活動もある中で、プロジェクトに参画してもらっている。そうなると短期
決戦で活動をしてもらわざるを得ない。現地にいる時は工学部教官への指

導に集中してもらうため、専門家同士のコミュニケーションの時間はなかなか取れない。それを埋め合わせるのが「ラウンジ」の時間でもあった。新たにプロジェクトに参画した専門家がいれば、これまでの支援の道のり（苦労話？）が話題となる。何度も現地に来ている専門家がいれば、ディリ市内の変化（目覚ましいほどの変化）、工学部教官の変化（時には辛口のコメントも？）など話題は尽きなかった。

変わりゆくディリ市内の風景の中で、2022年8月、とうとう「さくらタワー」が店じまいする時がきた。常宿は失われた。が、プロジェクト関係者の心にはいつも「さくらタワー」、そして「さくらラウンジ」の思い出が残り続けることだろう。

⑬ 現地の生活編　小さい国だからできることがある。～現地での余暇の過ごし方～

東ティモールには、日本国大使館やJICA事務所の職員、プロジェクトや建設会社の関係者、政府アドバイザー、NGO、青年海外協力隊などの日本人長期滞在者が約100名居住していた。このほか一時的な滞在者が20～40名おり、そのほとんどが首都ディリまたはその周辺に滞在していた。2010年頃までの娯楽施設は、カウンターバー、中華系カラオケ、マッサージ店くらいしかなく、中には怪しげな店もあった。そのためホテルなどの部屋でテレビ鑑賞、ゲーム、日本の家庭との交信、少人数の飲み会などで余暇を過ごすことが多かった。

したがって日本人同士の付き合いが多くなり、時には食べ物や飲み物の一品持ち寄りパーティーが「さくらタワー」の裏庭で開催された。参加者は家族も含めて50名を超えることもあり、長時間にわたって業務や立場を超えて和気藹々と楽しい交流の場になった。このような交流によって、東ティモールの実情、政府機関の主要人物の情報と対応方法、いろいろな知識

とアドバイスなどを得ることができた。

　日本人の横のつながりにより、釣り部、発酵食品部、女子・会などの同好会がつくられて、余暇の有効活用として楽しむことができた。また、毎日曜日の午前、市内のグラウンドを借りてソフトボールの練習と試合を行い、10〜 40名の参加者があるほど盛況であった。時には外国人の参加もあり、日

東ティモール在住の日本人チームと韓国人チームによる日韓戦ソフトボールを楽しむ

ディリ郊外の美しい海岸

休日ディリの砂浜で日頃の疲れを癒やす専門家

本と韓国の親善試合には両国の駐在大使も参加して交流を深めた。その他に、テニスやサッカーを東ティモール人や他の外国人と一緒に楽しんでいる人もいた。

　日本国大使館主催の天皇誕生日の祝賀会に、内外の要人と共に日本人が招かれたり、日本国大使から東ティモール人と一緒に会食に招待され、大使夫妻と親しく話ができた。小さい国だからこそできることである。かつて大きな国では日本国大使やJICA事務所長と会話することはもちろん、顔を拝見することもできなかった。最近ではJICA事務所長にお会いする機会も増えていると聞いている。

　ディリの東の海岸沿いにリゾート地のような砂浜があり、休日にそこで泳いだり、シュノーケリングを楽しんだ後に、木陰でサラダ、サンドイッチ、ポテトをつまみにビールを飲み、潮風にあたって波の音を聞きながら昼寝をするのは最高に贅沢のひとときである。

　東ティモールは自然が豊かで、風光明媚な所が多い。例えば、最も東端のジャコ島、ディリの北の屈指の絶景ダイビングスポットのアタウロ島、東

ティモール最高峰のラメラウ山（2,963m）、マウビセの天空のポルトガル人総督の家、西部のマウバラのポルトガルの要塞、豊富な湯量のマロボ温泉、青く澄みきったきれいな海などがあり、休日に観光に行って楽しむことができる。

⑭ 現地の生活編　ココナツ椰子とバナナの木を見ながら露天風呂

　ディリのホテル、コンドミニアム、アパートには温水シャワーは備えられているが、バスタブはない。バスタブがあるのは高級ホテルか、最近建設されたホテルくらいである。地方のホテルになるとほとんどなく、シャワーも冷水が多い。日本人は生活習慣から湯船にたっぷり浸かりたい人が多いだろう。この欲求を満たしてくれたのが「コモロの露天風呂」である。

　大日本土木（株）は、ディリ空港に近いコモロ川上流のベモス川の取水堰・給水施設緊急改修工事を請け負っていた。コモロ川の左岸に作業員の食事や寝泊まりができる飯場があった。工事現場から出る廃材を有効活用して、石材とコンクリートで3〜4名入れる露天風呂を造り、ときおり部外者の日本人も招かれた。露天風呂に浸かり、ココナツ椰子とバナナの木を見ながら日頃の疲れを癒やす、南国ならではの入浴光景である。風呂上りには飯場の食堂で、東ティモールでは滅多に飲めない生ビール（ポルトガルのサグレス）を飲みながら和食を食べ、そしてカラオケと、短い時間であるが日本に戻ったような気分になれた。この露天風呂と入浴後のもてなしに多くの日本人がどれほど癒やされ、明日への活力を得たことか──。大日本土木（株）の厚意に大変感謝している。

　同社は東ティモール大学工学部ヘラ・キャンパスの緊急改修工事、在東ティモール日本国大使公邸新築工事など大きな工事を手がけた。しかし、東ティモールからの撤退に伴って飯場も露天風呂も惜しまれながら閉鎖

された。

　東ティモールには数カ所温泉があるといわれている（花田 2015）。有名なのはアタウロ島とマロボである。ディリの北にあるアタウロ島の遠浅の海外に無色無臭、高温の温泉が湧き出している。マロボは、西ティモールとの国境に近いマリアナから悪路を1 ～ 2時間の谷底にこんこんと湧き出している50℃ほどの硫黄泉で、湧出量は2,000リットル/分ともいわれている。湧き出

西ティモールとの国境に近いマロボ温泉

大日本土木(株)の露天風呂

している谷底には小さいプールと打たせ湯のようなものがある。2016年頃にはトイレなどの設備が作られたが、メンテナンスされずすっかり朽ち果ててしまっていて使えない。日本軍はこの温泉場を慰安所にしていたという説もある。日本の温泉専門家が視察に訪れたが、リゾート開発の動きはないようだ。マロボ温泉に行くにはディリから車で5～6時間と遠く、マリアナからの道路は林道よりも悪く、周りには人家も施設も何もないことが開発の妨げになっていると思われる。

あとがき

　本書の4名の筆者は2002年の東ティモール独立直後の復興期以降、約20年間、それぞれの立場でそれぞれの時期に東ティモール大学工学部の支援事業に携わってきた。

　独立直後はディリ市内でさえも焼き討ちされた建造物が散在していたが、東ティモールの人々は打ち壊された厳しい生活から毎年少しずつ復興を遂げた。復興は年を追うごとにスピードを増し、独立時の紛争の跡形はほぼなくなっている。ディリ市内には近代的なショッピングモールやホテルが建設されて、一国の首都らしい姿と機能に近づきつつある。

　当初、東ティモール大学工学部の教官はまともな教育を受けていないため、基礎学力の低さと勉学意欲の低さに驚いた。しかし、JICAや本邦支援大学の先生方、関係者の並々ならぬ指導・協力のお陰で、ほとんどの教官が修士または博士の学位を有するようになった。また、研究成果が国際学会誌に掲載される教官も現れた。大学院修士課程設置の計画があり、東ティモール大学工学部の教官の持続的努力、産官学の連携、海外との共同研究などによって、教官の教育・研究能力の一層の向上と工学部の発展が期待される。

　執筆者の中でも風間は、土木工学分野の専門家として短期間現地に派遣されると共に、約7年間、プロジェクト現場責任者の任務を担った。その間に多くの本邦支援大学の先生方に専門家として東ティモールに来訪いただき、教官を指導していただいた。すでに述べたように、工学部教官や支援事業そのものに対して悪い印象を持ち帰られたJICA専門家もいた。現場責任者としては、専門家の方々にいかに東ティモール大学工学部支援プロジェクトを理解していただくか、協力活動に参画していただけるかに努めた。業務遂行上の支援のみならず、業務外の時間にも気を配っ

たつもりである。夜の食事は、限られた選択肢の中ではあるが、いろいろな
レストランにご案内し、休日にはビーチや観光地で英気を養っていただくとと
もに、東ティモールという国への理解を深めてもらった。これらの努力がどの
程度効果があったかは定かでないが、本邦支援大学の先生方が快く専
門家として熱心に指導してくださったことに深く感謝したい。

　本書は、東ティモール大学工学部支援プロジェクトの背景、経緯、支援
経過と成果、将来について、分かりやすく読み物的にまとめたもので、とり
わけ人のつながりに重点をおいている。ページ数の関係もあって、執筆者
の意向が十分に表現できていないことや説明不足のことが多々あると思う
が、ご容赦いただければ幸いである。本書を手に取ってくださる方々、とり
わけこれからの社会を背負う若い方々が国際協力事業に対して理解と関
心を深めてくださることを願って止まない。

　本書の出版にあたって、大勢の方々に大変ご協力とご助言をいただい
た。本書出版の機会と原稿執筆にご助言をいただいたJICA緒方貞子平
和開発研究所の皆様、そして制作にあたりご尽力いただいた(株)佐伯コ
ミュニケーションズのスタッフの皆様に心から御礼申し上げる。また、2000
年代前半の情報を提供してくださった元東ティモール大学工学部支援専
門家の大芝敏明さん、JICAタイ事務所の鈴木和哉さん、JICAガバナン
ス・平和構築部の竹原成悦さんの協力に感謝の意を表する。

　なお、ここに記載されている様々な見解はJICAの公式な見解ではなく、
あくまでも執筆者の個人的見解であることをご理解いただきたい。

2023年2月

風間秀彦、吉田弘樹、髙橋敦、小西伸幸

参考文献・資料

高橋　徹(1963)「忘れられた南の島」朝日新聞

島田昱郎(1990)「悲劇の島・東チモール」築地書館

山田　満(2006)「東ティモールを知るための50章」赤石書店

花田吉隆(2015)「東ティモールの成功と国造りの課題−国連の平和構築を越えて−」
　　創成社

萱島信子(2019)「大学の国際化とODA参加」玉川大学出版部

JICA(2000)東チモール 青年海外協力隊要請背景調査報告書

JICAほか(2001)東チモール大学工学部設立計画(緊急無償)基本設計調査報告書

JICA(2002)JICAの対東ティモール復興・開発支援総括報告書

JICA(2002)調査研究「効果的な復興・開発支援のための援助の枠組みの検討」〜今
　　後の平和構築支援に向けて〜　報告書

JICAほか(2003)東ティモール民主共和国 小中学校修復計画 基本設計調査報告書

JICA(2006)東ティモール民主共和国 東ティモール大学工学部支援プロジェクト 実施
　　協議報告書(付・第一次〜第二次事前評価調査報告書)

JICA(2007)東ティモール国 東ティモール大学工学部支援プロジェクト 運営指導調査
　　報告書

JICA(2009)東ティモール民主共和国 東ティモール大学工学部支援プロジェクト 終了
　　時評価調査報告書

JICA(2011)東ティモール民主共和国 東ティモール大学工学部能力向上プロジェクト
　　実施協議報告書(付:詳細計画策定調査)

JICA(2014)東ティモール共和国 東ティモール国立大学工学部能力向上プロジェクト
　　中間レビュー調査報告書

JICA(2015)東ティモール民主共和国 東ティモール大学工学部能力向上プロジェクト
　　終了時評価調査報告書

JICAほか(2015)東ティモール民主共和国 東ティモール国立大学工学部校舎建設計
　　画 準備調査報告書

在東ティモール日本国大使館ホームページ、東日本大震災

略 語 一 覧

AGP	Advanced Global Program（アドバンスド・グローバル・プログラム）
ASTM	Standards of American Society for Testing and Materials （アメリカ材料試験協会規格）
FD	Faculty Development（ファカルティ・デベロップメント）
GPA	Grade Point Average（履修科目の成績評価点数）
GPO	Global Promotion Office（グローバル化推進室）
ITS	Institut Teknologi Sepuluh Nopember （インドネシア語）（スラバヤ工科大学）
JDRAC	Japan Demining and Reconstruction Assistance Center （日本地雷処理・復興支援センター）
JICA	Japan International Cooperation Agency（国際協力機構）
JIS	Japanese Industrial Standards（日本工業規格）
ODA	Official Development Assistance（政府開発援助）
PDM	Project Design Matrix（プロジェクト・デザイン・マトリクス）
PKO	United Nations Peacekeeping Operations （国際連合平和維持活動）
SDG s	Sustainable Development Goals（持続可能な開発目標）
SI	Le Système International d'Unités（フランス語）（国際単位系）
UNDP	United Nations Development Programme（国際連合開発計画）
UNTAET	United Nations Transitional Administration in East Timor （国際連合東ティモール暫定行政機構）
UNTL	Universidade Nacional Timor Lorosa'e （ポルトガル語、ただし Lorosa'e のみテトゥン語） （東ティモール国立大学）

［著者］

風間 秀彦 (かざま ひでひこ)

元埼玉大学 教授・客員教授 博士（工学）。(株)応用地質調査事務所勤務を経て、1969年から埼玉大学理工学部、工学部、地域共同研究センター、地圏科学研究センターに勤務。2008年埼玉大学定年退職。1997〜2000年JICAタイ・タマサート大学工学部支援プロジェクトの短期専門家3回派遣。2003年から東ティモール国立大学支援の専門調査員、短期専門家として10回派遣、および2004年から国内支援委員。2008〜2016年JICA東ティモール国立大学工学部支援プロジェクトのチーフアドバイザー（プロジェクト実施の現地責任者）、および東ティモール国立大学客員教授。山梨大学大学院工学研究科修了。専門は土木工学：地盤工学、自然災害科学。

吉田 弘樹 (よしだ ひろき)

岐阜大学工学部電気電子・情報工学科電気電子コース 教授 博士（工学）。1983年から５年間の株式会社東芝勤務を経て、岐阜大学に勤務。レーザーを活用した計測・制御・加工に関する研究にも従事。JICA東ティモール大学工学部支援事業に電気・電子工学分野の調査団員として最初期から参画し、後に技術協力プロジェクトが開始されると、複数のプロジェクトで電気・電子工学分野の専門家および国内支援委員を務めた。

高橋 敦 (たかはし あつし)

東ティモール国立大学工学部能力向上プロジェクト・フェーズ１・２、プロジェクト業務調整員。大学院卒業後、高校理科非常勤講師を経て、青年海外協力隊（理数科教師）としてケニアに派遣。その後、技術教育訓練再編整備計画（日本スリランカ職業訓練短大）プロジェクト、トゥンバ高等技術専門学校強化支援プロジェクト（ルワンダ）、アセアン工学系高等教育ネットワーク（SEED-Net）等において、技術教育・高等教育分野の事業実施に携わる。2013年3月より本プロジェクト参画。政策研究大学院大学政策研究科国際開発プログラム修士課程修了。

小西 伸幸 (こにし のぶゆき)

公益財団法人 笹川平和財団 アジア・イスラム事業グループ長。日本電気株式会社（NEC）人事勤労グループを経て、1995年から独立行政法人 国際協力機構（JICA）に勤務。JICAタイ事務所のほか、2度のアセアン工学系高等教育ネットワーク（SEED-Net）派遣JICA専門家（タイ駐在）、人間開発部 高等・技術教育課課長、人間開発部次長（計画担当）で、途上国における高等教育や技術教育・職業訓練分野の事業形成・実施に携わる。また、アジア第一部、東南アジア・大洋州部にてASEANと日本の共同事業の形成・実施も担当。2022年４月から現職。東京大学教育学部教育心理学科卒業。

苦難を乗り越えて、国づくり・人づくり

東ティモール大学工学部の挑戦

2023年3月31日　第1刷発行

著　者：風間 秀彦、吉田 弘樹、髙橋 敦、小西 伸幸
発行所：㈱佐伯コミュニケーションズ　出版事業部
　　　　〒151-0051 東京都渋谷区千駄ヶ谷5-29-7
　　　　TEL 03-5368-4301
　　　　FAX 03-5368-4380

編集・印刷・製本：㈱佐伯コミュニケーションズ

ISBN978-4-910089-30-0　Printed in Japan
落丁・乱丁はお取り替えいたします

JICA プロジェクト・ヒストリー　既刊書

シリーズ全巻のご案内は☞